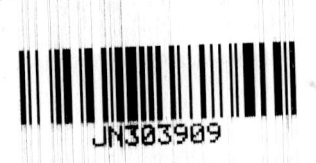

つまずき解消！
クイック絵画上達法

誰でもうまくなる
絵画指導のコツ

奥田靖二
【編著】

いかだ社

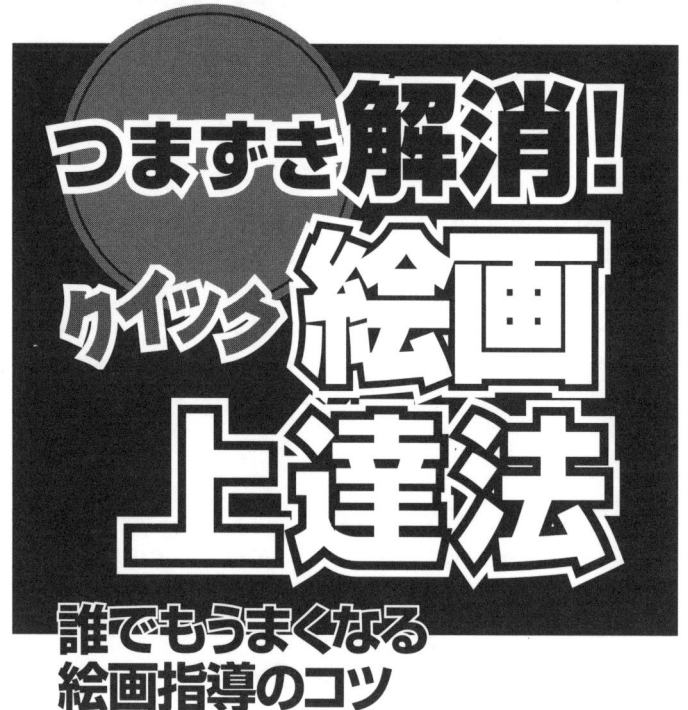

はじめに　絵をかくのは「才能」ではありません

苦手な図工だったけど……

　みなさんが日ごろ、子どもたちの図工の授業をしていて「私もサラサラッと絵がかけたらなぁ」「絵の才能がないのか、どうも図工は苦手だなぁ」「子どもたちに、もっと楽しんで絵をかいてもらえるようにするには、どう指導したらいいかなぁ」と、思われることはありませんか？

そんな人でも、心配ご無用！

　いい方法があるんですよ。この本では、図工の指導もうまくいき、子どもたちも、先生自身も絵がどんどんうまくなっちゃうノウハウを紹介しましょう。

　“子どもたちだけでなく、先生自身も”というところがこの本の魅力です！

　「えーっ、そんなうまい方法ってあるの？」と思われる方に、この本はうってつけです。

　多くの人は「絵をかくことは、芸術的才能が生まれつきある、なしで決まる」と思っていませんか。

　いえいえ、絵をかくのは才能ではなく、１つの方法です。「字を書く」と同様です。

「あ、い、う、え、お…」からはじまって、誰でも作文が１年生でも書け、高校生、大学生にもなれば「論文」だって書けるのと同じですね。
もちろん「文才」だとかいって、「才能」のせいにする人もいますが、普通の手紙が書けるようになるのと同様です。
絵をかくには、その方法とコツをつかめば、学級通信のカットや旅先のスケッチくらいは、サラサラッというわけです。

絵をかくことが苦手のままでは よくありませんよね

もし、こういう先生がいたら？
「私、算数はどうも苦手で……。たし算、ひき算くらいまでなら何とかなるんですけど、かけ算、わり算、文章題なんてさっぱりわからないんです」

図工ならいいの？

「図工は才能がないんです。親譲りでしょうか？」「遠足に行って、子どもたちとスケッチ、サラサラ……なんてとんでもない。黒板に絵をかいて説明するにもこまっています。」「学級通信のカット？　カット集をパラパラ開いて選んでいます。自分でかくなんてとんでもないです！」「私のクラスの子どもたちは、絵をかくことが好きかな？何だか似ている絵が多いけど……」という方もいらっしゃるでしょう。

そんな先生のためにもいい方法があります。

さて、この本でまず先生自身も絵をサラサラッと（までいかなくても）かけるようになりましょう。

子どもたちも同時に

図工の時間を通して「図工の授業は大好き！」「ぼく、うまく絵がかけた～」というふうにしてあげましょう。

絵をかくことは楽しいことです。

- 絵をかくことは、算数、国語と同様、順次積み重ねである。
- 表現を獲得していくには発達の法則がある。

この本では、それについて詳しくふれませんが、乳幼児が

を通して、

閉じた丸に意味をもたせるようになるのと同じです。

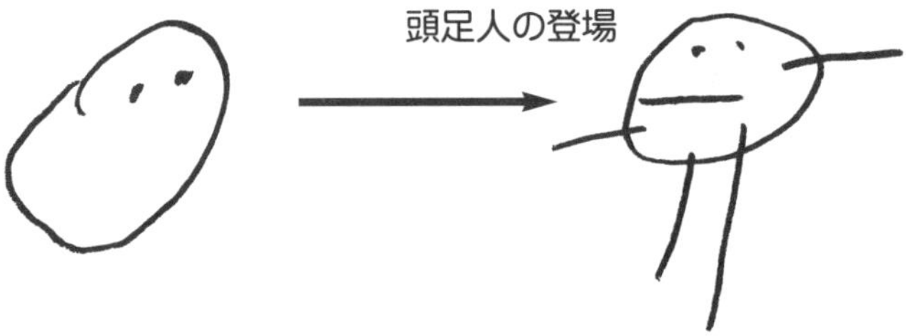

このように表現を獲得していくのです。

一番大事なこと

先生自身が表現するおもしろさを知ることです。

この本に、授業中、子どもたちへの指導のように書いてあるところも、先生自身が実際にやってみていただくといいですね。

「できる」「かける」は、子どもたちだけでなく教師にとっても、大切なことです。

目次

もののかたちを「球」「円筒」「円錐」であらわす

有名な画家のセザンヌは、「自然は球と円筒と円錐から成り立っている」というようなことをいっています。

たとえば

球

りんごや人間の顔。

円錐

家は、箱（立方体や直方体）と円錐や四角錐の組み合わせですね。

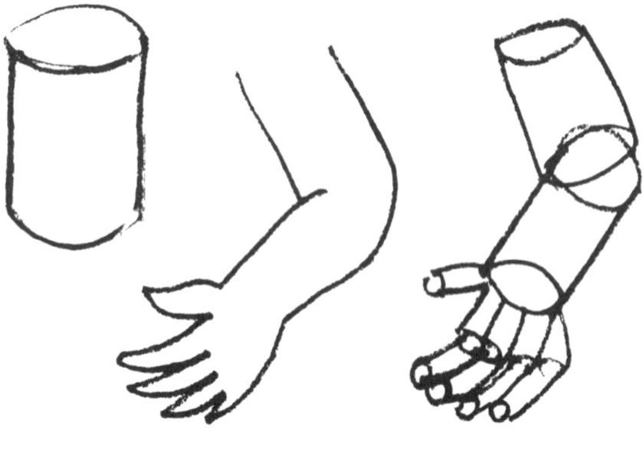

円筒

人間の腕もロボットのように見ることができます。

人の顔をかくことからはじめましょう

　私は、約1000人の教え子の似顔絵を誕生日プレゼントとしてかいて、喜ばれました。

「それは、専門家だからできるのよ」「私だって、かけたらそんなプレゼントもしたい」と思われるでしょう。

　もちろんすぐに、というわけにはいかないとしても、次の方法ならどうでしょう。

「まる」が基本

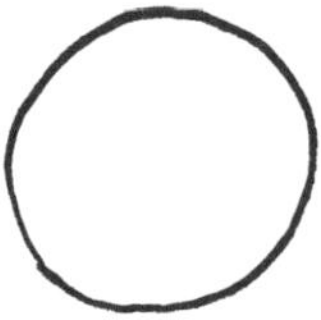

「まる」なら誰だってかけますね。
それに

●を2つ
‿　をかいただけでもう顔です。

こんな、
スマイルマーク
の顔はどこかで
見ません
でしたか？

まゆ2つと
C Ɔ で耳
△は鼻

ほら、もうちゃんとした顔のできあがりですね。

髪の毛をつけたら、
ほら、男の子。
ちょっとかっこよく
してもいいですね。

ほら、女の子も。
おさげにリボンを
つけてもいいね。

横向きの顔でも

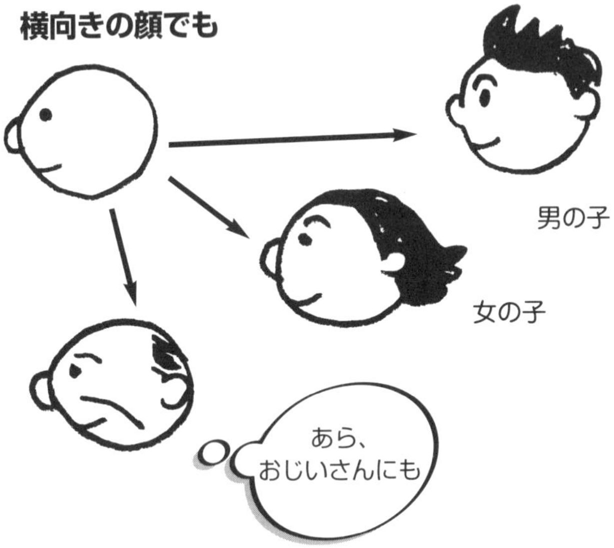
男の子
女の子
あら、
おじいさんにも

斜め向きの顔でも

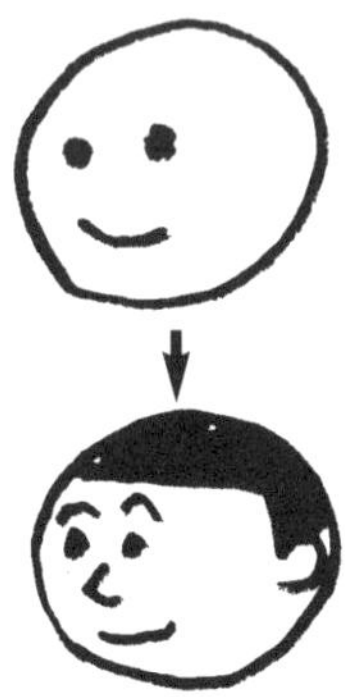

左によせ

右によせ

⌒ のまゆ
く や ＞ の鼻
C ⊃ の耳をかいて
髪の毛も

おじいさん

おばあさん

上向き下向きの顔でも

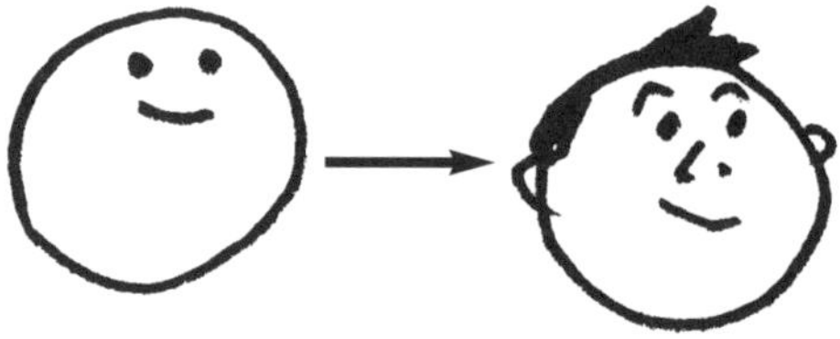

どうでしたか。
かんたんでしょう。

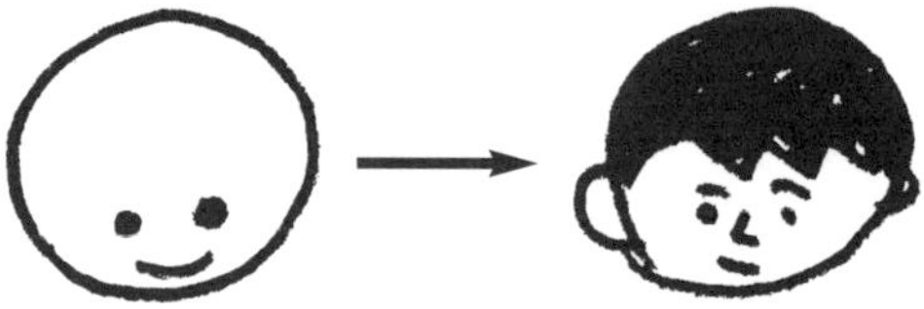

それではちょっとかいてみましょう

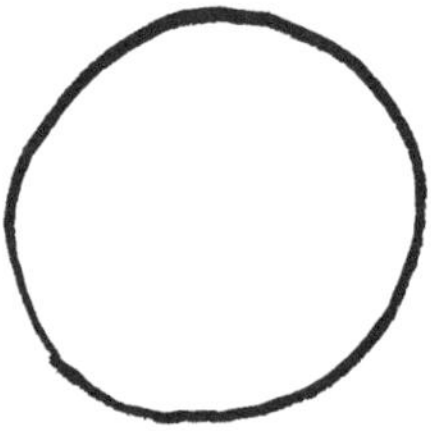

●や△や︶ などを
入れて男の子

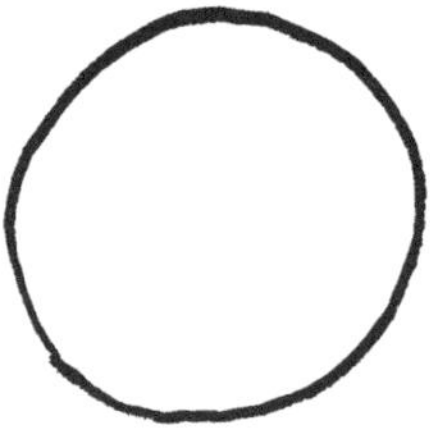

髪の毛も
自由にかいて女の子

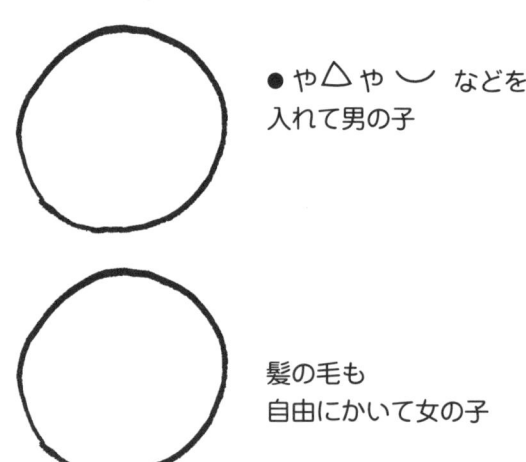

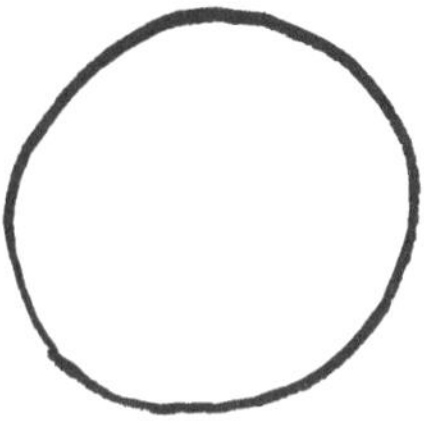

ちょっとしわも入れて

おじいさん

これと同じで
なくてもいい
ですよ。

動物の顔なら

耳をつけて●と　と
ヒゲでうさぎ

目を大きくしたら猫

くまさんだ！

ライオンだぞ！

少し顔をひょうたん型に
すればさるに！

では次のステップへ
どうぞ！

これでは「マンガ」じゃないの？　と思われた方、そうですね。まんまるに●や線では「絵がうまい」というわけには……とお思いの方もいらっしゃるでしょう。

「マンガっぽい」から「絵」になる

　マンガ家だって、基礎の勉強をしっかりしてるんですよ。
　一見「私にもかけるわよ」と見えるピカソの絵だって、ピカソの少年～青年時代にかかれた作品はごらんになりましたか？　デッサンからも、基礎の大切さがわかります。

人の顔は、まんまるではなく、ほんとうは「だ円型」（たまご型）をしていますね。目も●だけでなく、口も線だけでもありませんし、鼻も△やく（かぎ）でもありません。

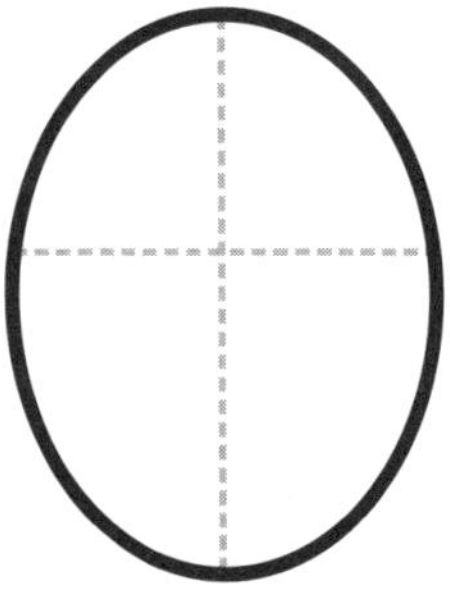

まず、だ円（たまご型）にうすく十字の線をつけます。人の目は中央の横線の上に並びます。

目 上まぶた、下まぶたのある目をかきます。

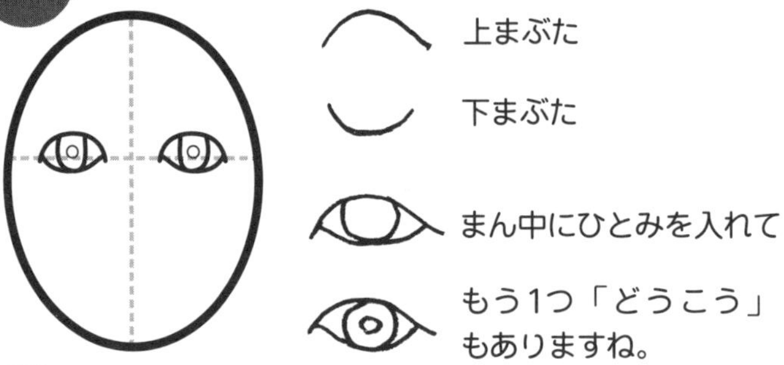
上まぶた
下まぶた
まん中にひとみを入れて
もう1つ「どうこう」もありますね。

鼻 小鼻が両側にあります。

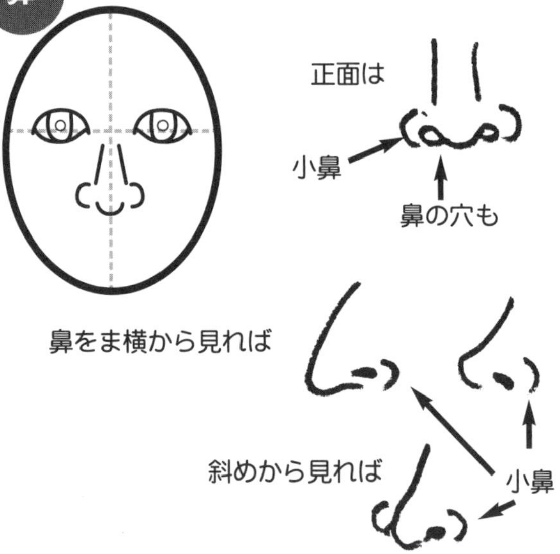
正面は
小鼻
鼻の穴も
鼻をま横から見れば
斜めから見れば
小鼻

耳

ちょっと耳の中がごちゃごちゃしていますが、誰かのをよく見てかいてください。

カットの場合は、このように略してもいいでしょう。

口

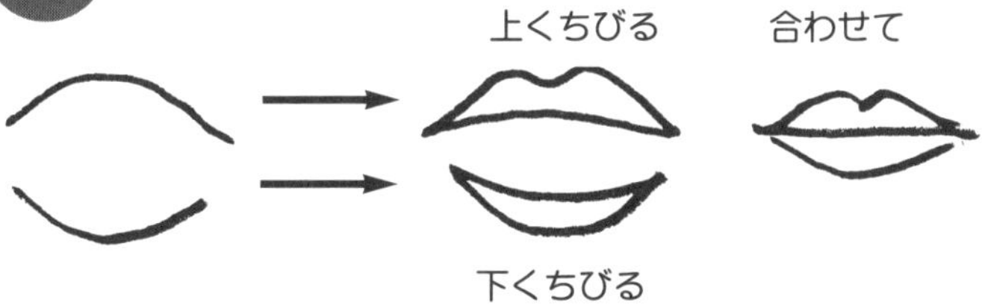

ちょっとあければ
何だか笑っている
みたいですね。

歯も入れてよいが、
略してもいいでしょう。

まゆ

1本の線ではなく

短い何本もの毛でできていますね。

まつ毛

かいてもいいけれど、あまりくわしくかくと、ちょっとグロテスクになるので略してもいいですね。

これらを合体させてみましょう

ちょっとマンガ
から一歩進んだ
みたいでしょう。

それでは、髪の毛も1本1本かいて、
女の子にしてみましょう。

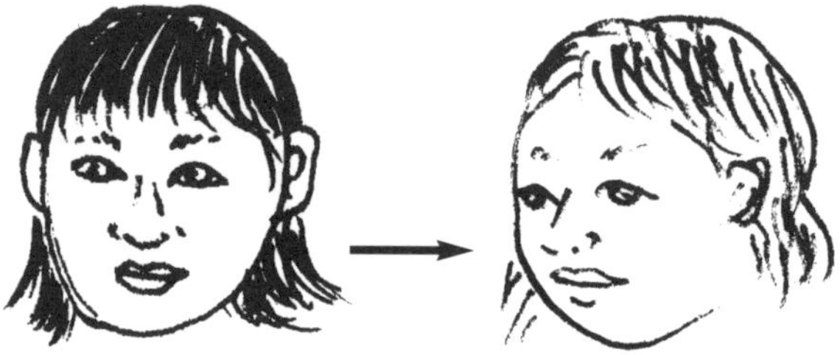

少し表情もつけて

こんな女の子や男の子なら、
みなさんのまわりにも
いるかも……

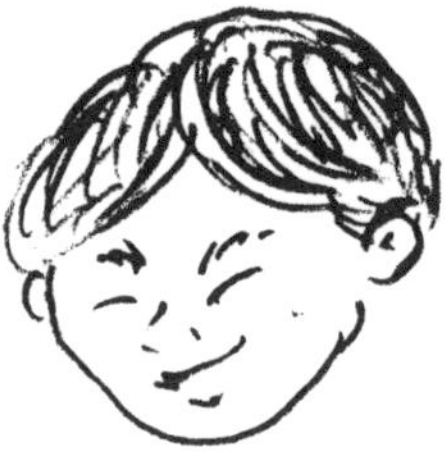

「笑っているよ…」

指導例１

「友だちの顔」や「自画像」

今日は
友だちの顔を
かいてみましょう。
はいはい、
机を向き
合わせて……
えーっ！
だれをー？

●好きな子を選んでもよいが、はじかれる子がいないように配慮して、隣同士の机を、向かい合わせてもよい。

まず指でかく

「では、この画用紙に指で、友だちの顔のかたちをかいてみよう。」
「どんなかたち？」
「まんまる？　ちょっと長い？」
「三角の顔の人はいるのかな？」

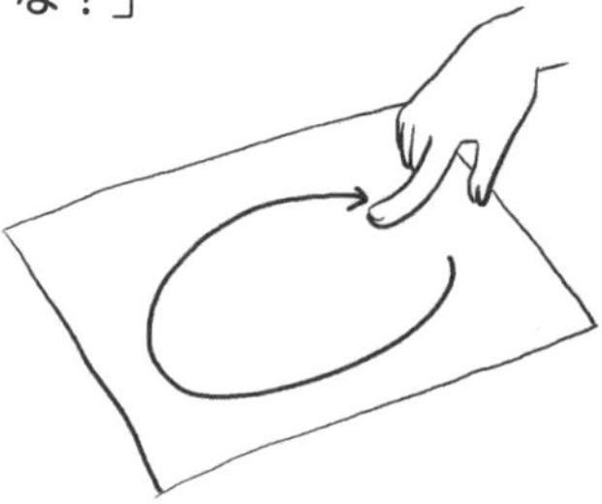

「そう、こんなふうにだいたい、たまご型だよね。」

えんぴつでうすくかく

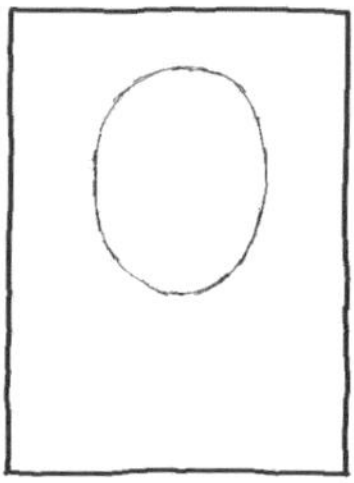

「じゃあ、えんぴつでうすーく顔のかたちをかいて…」
「そう、少し紙の上の方がいいね。後で消すから、うすくかくといいよ。」
「首はどうかな？」
「太さはどのくらい？」

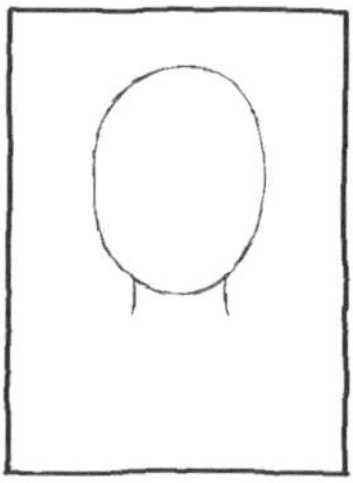

あんまり細いと重たい頭をささえられないよ。

顔のはばと肩のはば

「ちょっと顔のはばと肩のはばをはかってみよう。」

「自分の顔でも、友だちの顔でもいいよ。」

「そして肩は？」
「どっちが広い？」
「そう、倍くらいはあるよね。」
「紙からはみだしてもかまわないよ。」
「これもうすーくね。」
「首の太さもいいかな？」

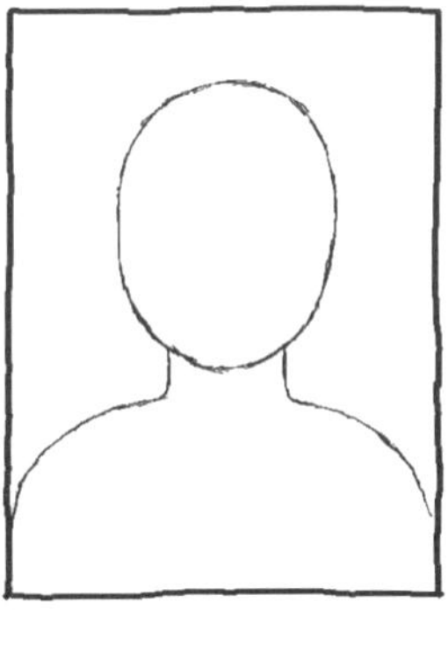

「こうなっている人はいませんか？」

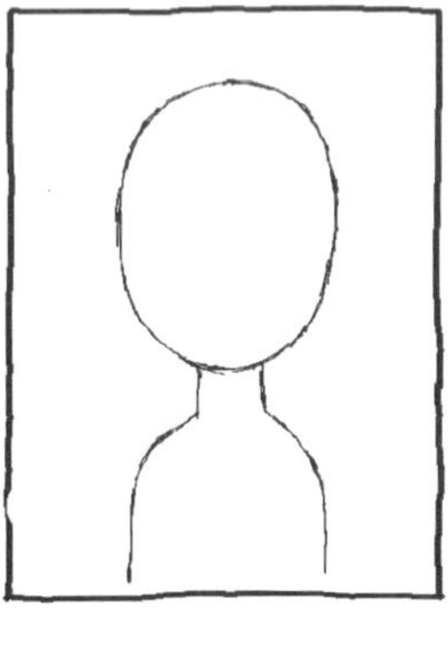

顔に十字をかく

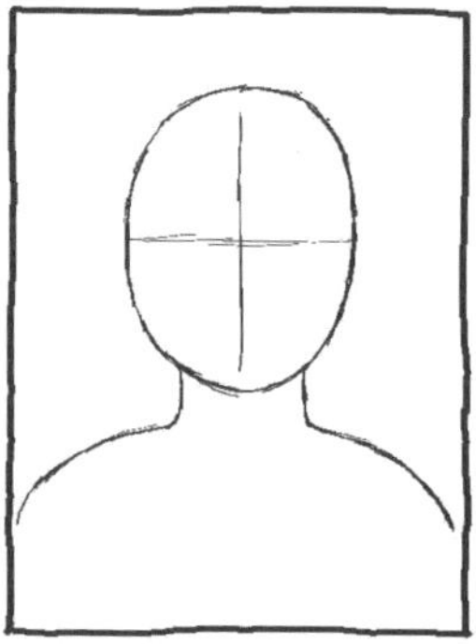

「では、顔にうすーく十字の線を入れて…」

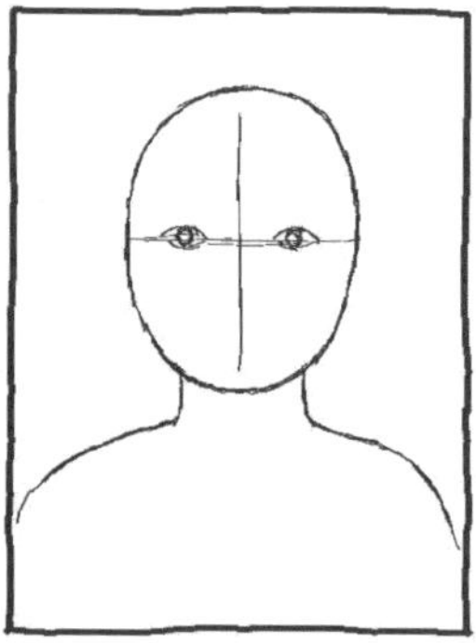

「目は、横線の上に並んでいるんだよね。」

「耳は、目の線を右と左にすーっとひっぱったところにあるよ。自分でためしてごらん。」

まゆ毛や鼻

「まゆ毛も１本線ではなく、短い何本もの毛でできていますね。」

「鼻は△（三角）やく（かぎ）ではなく、よく見てごらん。さわってごらん。」

「鼻の横にちょっとふくらんでいるところは『小鼻』っていうんだね。」

「そりゃあ、鼻の穴がないと息ができないもんね。」

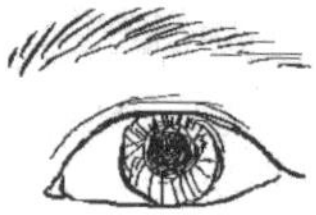

少し、斜めから見ると

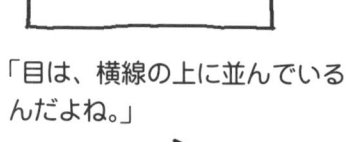

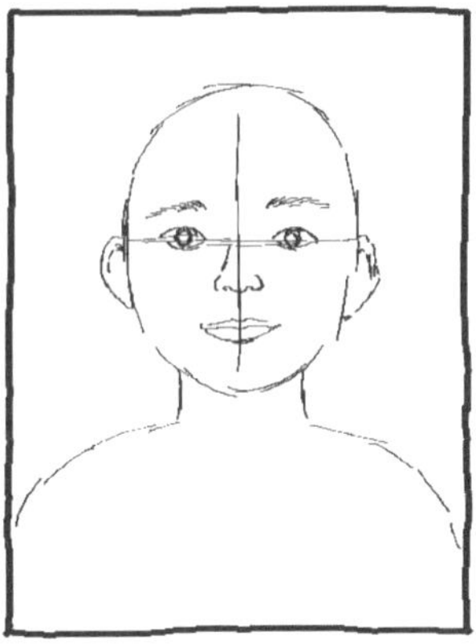

「ほら、だいぶかけてきたでしょう。」

「口も上くちびると下くちびるをよく見てごらん。自分のをさわるのもいいね。」

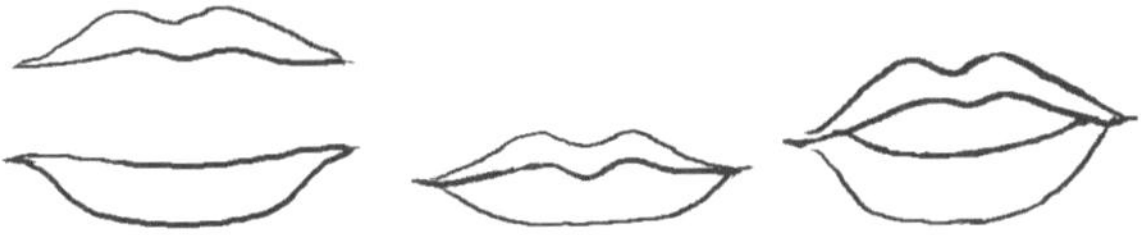

「笑ったり、おしゃべりしているみたいだね。」

髪の毛もかく

「髪の毛も、１本１本…　何本あるのかな。」
「人間には、だいたい10万本くらいあるんだっていうんだけど。」
「洋服も着せてあげよう。」

わたしの髪の毛は何本かしら？

子どもたちの作品

最初はふざけていた子ども

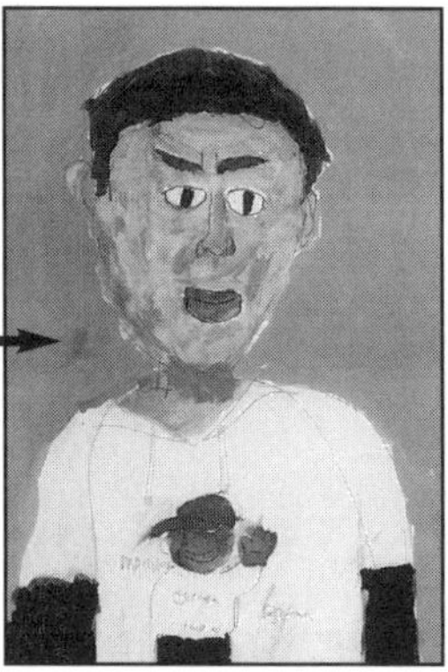

まじめに鏡とにらめっこしていた子どもたち

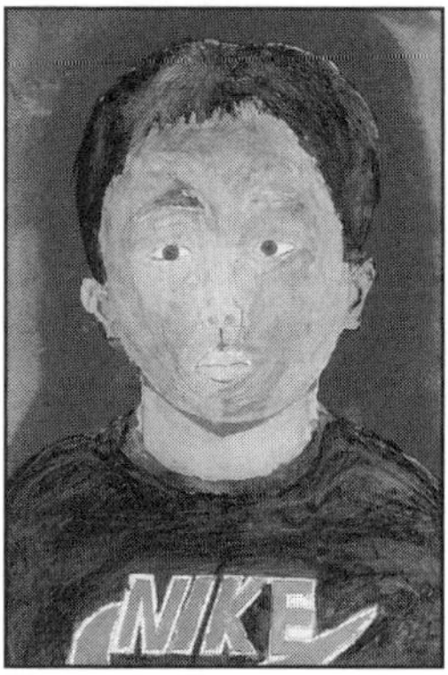

●低学年は、友だちの顔の絵などではあまり「かき方」を指導的にはせずに「○○ちゃんらしくね」とか「髪の毛も1本1本あるね」などの言葉かけにとどめておきます。

「おすましさん」でなくても

友だちの顔や、自分の顔（自画像）は、おすましさんでなくてもかけるよね。

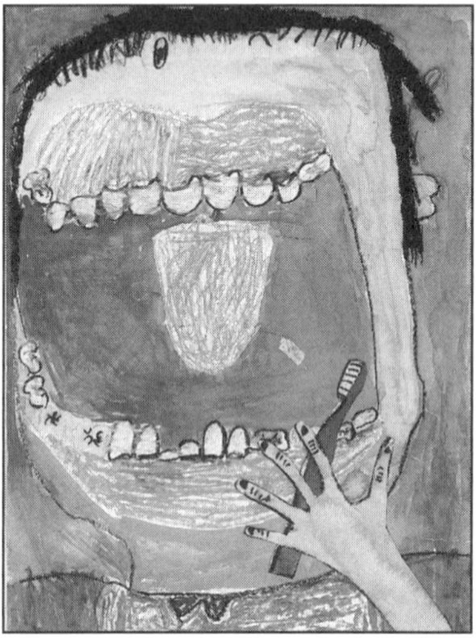

わあ、これは１年生の絵だけど歯をみがいているところかな。
ずいぶん大きな口ですね。

これは、メロンを食べているところだね。
この絵も大きな口で、おいしそうに、食べようとしているね。

自画像なら、鏡の前で百面相してみよう。

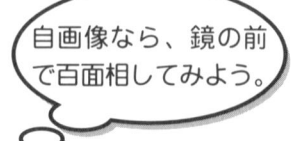

針がね人間の登場

くらしや遊びの絵には、いろいろな動きや雰囲気がありますね。大好きな仲間たちの特徴を思いきり表現してみましょう。

人間の体をセザンヌさんになったつもりで考えてみましょう。

首、胴、腕、足…。

ロボットみたいですが、人間の体も球と円錐と円筒がいくつも組み合わさってできているというわけです。

●でもいきなり、そういわれても…という方のために

針がね人間ではどうですか？

万歳　　少しは動きも

遠足の絵

これではちょっと変
ですね。
そこで

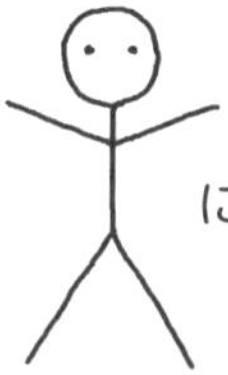

に、お肉をつけて

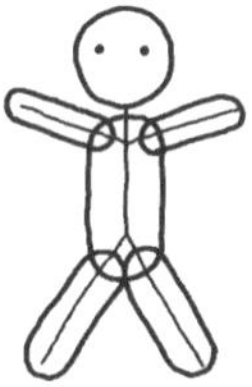

ひじやひざも
折り曲げて

手や靴もかいたら
ちょっと「らしく」
なってきましたね。

子どもはだいたい5頭身くらい

これでもせい高のっぽに見えますね。

型紙を作って ポーズの研究

人間の体が、どんなふうに動いているのかを考えてみましょう。とてもよい方法があります。

厚紙に、頭、首、胴、足、手の形をかいて、切り抜いてみましょう。そして手、足などの動く人形を作ってみましょう。

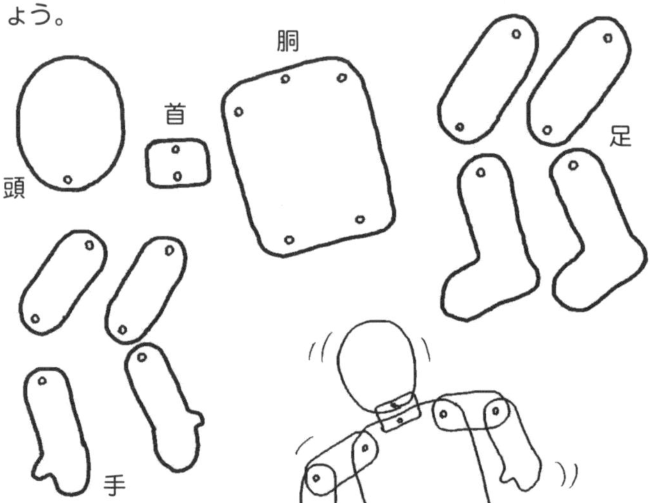

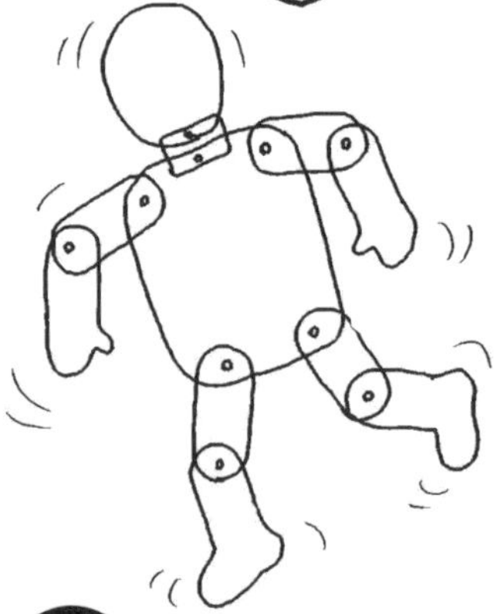

これをこういうびょうで止めましょう。

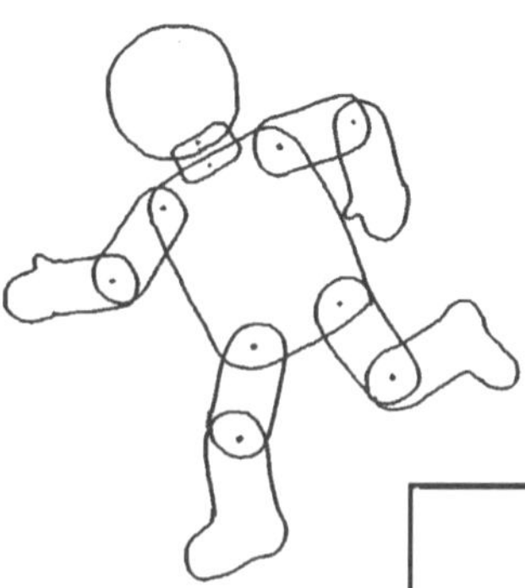

かけっこのスタイルもできますね。

びょうで止めるのがめんどうなら、切りぬいて、置いてみたり、貼ってみたりして、スタイルを作ります。

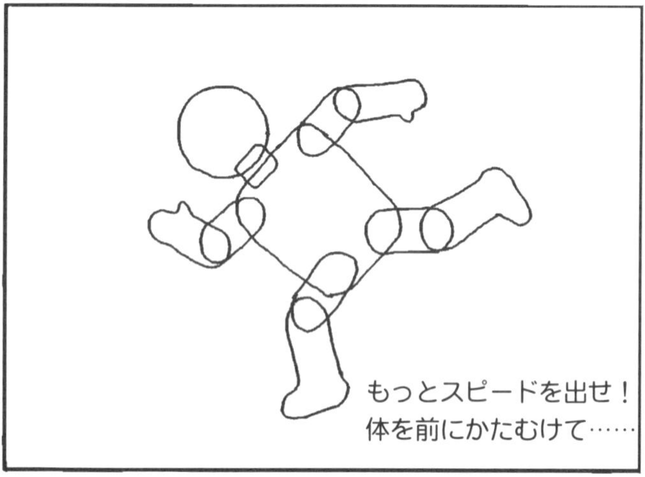
もっとスピードを出せ！
体を前にかたむけて……

●型紙を作る時間がないときは、じっさいに子どもたちにいろいろなポーズをとってもらいながら、さまざまな様子を確認しながらすすめるといいですね。

見かたをかえれば 新たな表現が生まれる

指導例2

「運動会」の絵

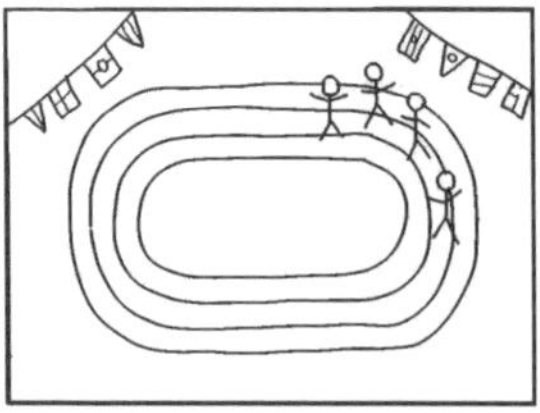

運動会の絵では、こういう絵になりがちな子どもがいますね。

ぐーんと近づける。

ズームアップ（画面をひきよせる）

３人なら３人分のバラバラ型紙を並べ重ねると、迫力も出ます。

- 「動き」のある絵、遠足などの絵でもこの「ズームアップ」を指示するといいですね。
- 画用紙にかく前に、うすくえんぴつで、ラフスケッチをするといいですね。

綱引きなら…

綱引きのときって、どんなかっこうをして力を入れているのかな。

教室でやってみよう！

これをあの型紙で試してみよう。

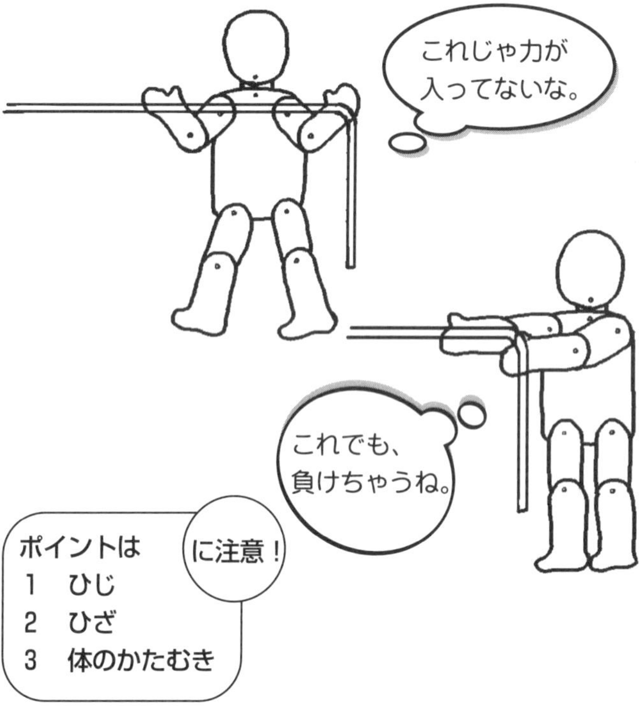

ポイントは　に注意！
1　ひじ
2　ひざ
3　体のかたむき

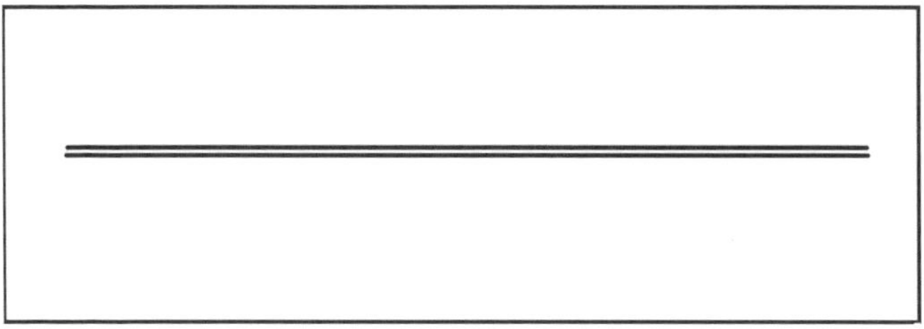

長い紙に綱の線をかき、自分のかいた絵を切りとって、何人かで貼ってみよう。

もっと前の人とツメツメでもいいな。

もっともっと仲間を貼りつけちゃおう！

あれ「大きなかぶ」の絵にもなるよ。

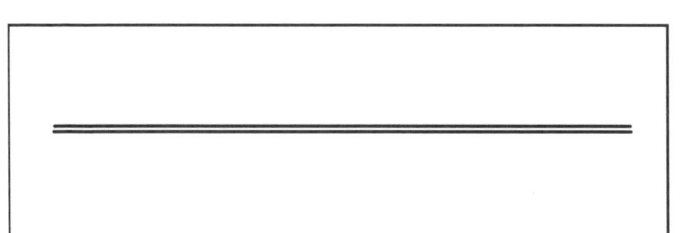

はだかんぼ人間でかく

さあ、「遊んでいるところ」や「遠足」「運動会」「音楽会」……どんな絵もかいちゃおう。

はだ色があれば、それを使う。

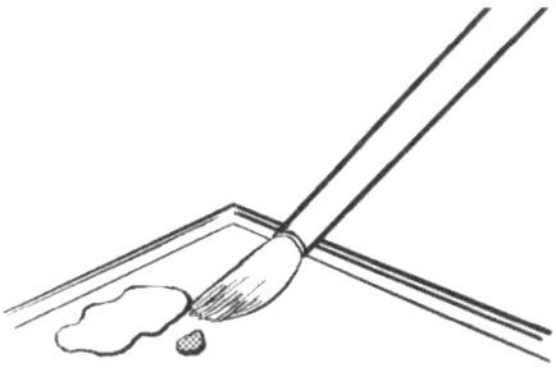

はだ色がないときは、白はたくさん、オレンジは少し混ぜて作る（絵の具の指導方法はp57～参照）

筆に含ませて

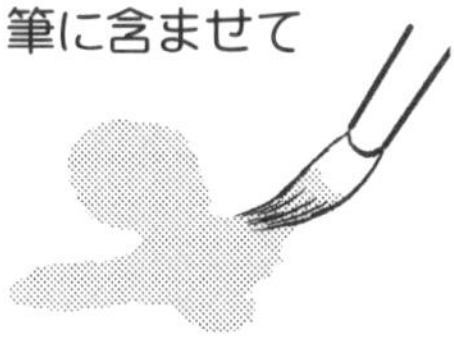

むにゃむにゃっと、はだ色で「はだかんぼ人間」をかきます。

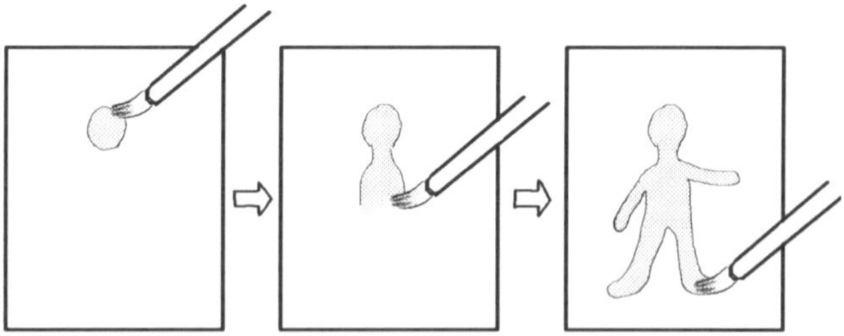

ぐるっと顔

その下にぐにゅぐにゅっと体

手、足をのばして

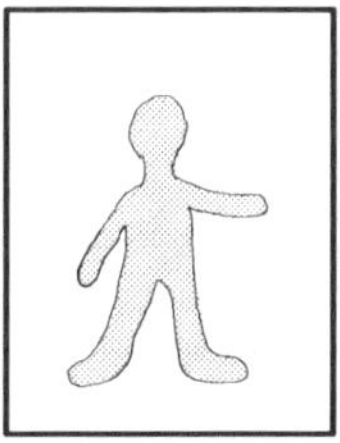

乾くまでまってね

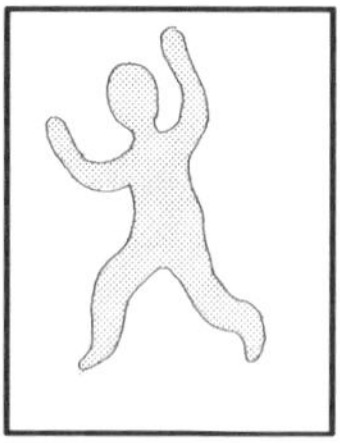

おどっている人なら

体の色が乾いたら

パンツ（ズボン）とシャツと
くつをはかせて

最後に髪の毛
をかく

目や鼻、口を
かいて

まだ乾いてないのに
色をつけると

にじんでしまうこと
があるので注意！

……どんな絵もかけちゃうぞ。

どうですか？

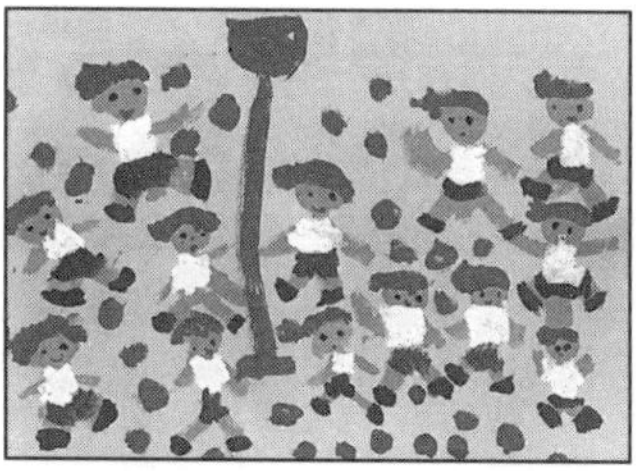

子どもたちの作品

ポケモンマスターのダンスの情景…2年生

農家見学の様子…１年生

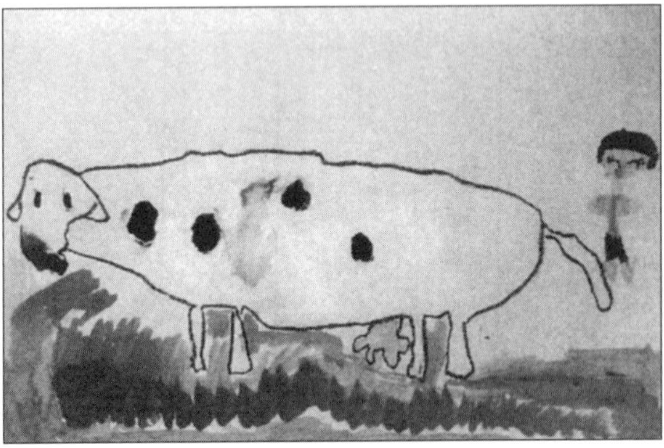

おじいさんのランプ…６年生

つる…５年生

学校にいるくじゃく…4年生

いろいろな線をかいてみよう

はじめに、絵をかくのは「才能ではなく方法」とかきました。

物の形には、すべて基本となるものがあって、それをマスターすれば、どんな形でも組み合わせて、うつしとることができるわけです。

その誰にでもできる方法＝技術というわけです。

基本の線

まっすぐな線（たても……）

曲線

ぐるぐる回転する線

ジグザグな線

まる、三角などになる線

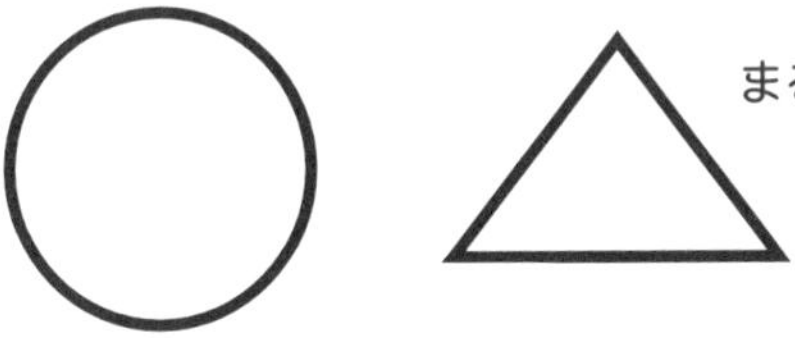

これはもはや曲線と直線の組み合わさったものでもあります。

これらが基本となって形作られているわけです。

ちょっと練習してみましょう。

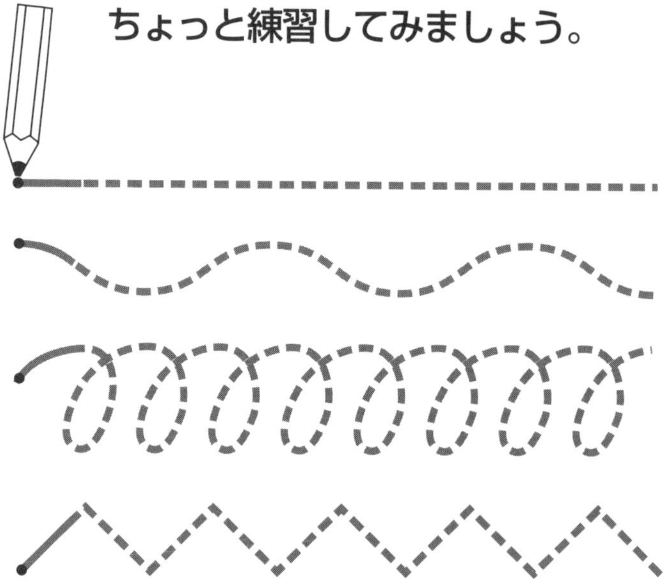

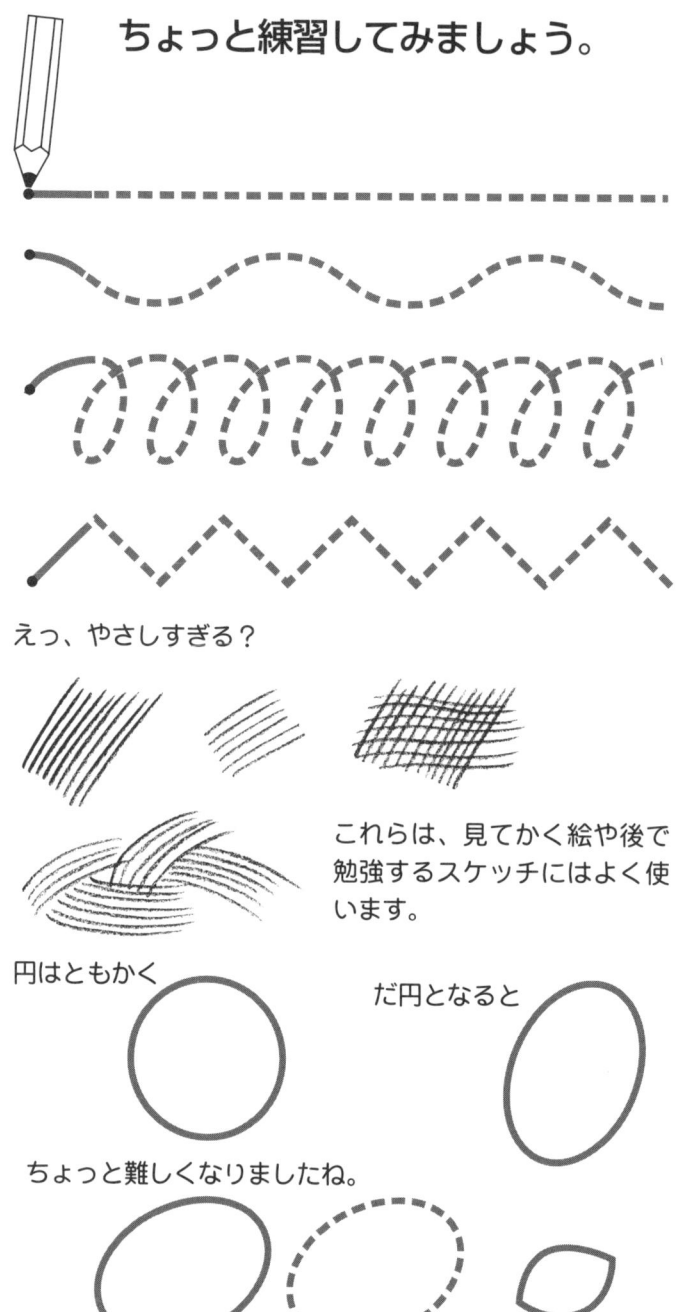

えっ、やさしすぎる？

これらは、見てかく絵や後で勉強するスケッチにはよく使います。

円はともかく

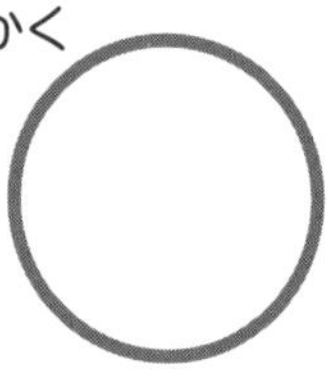

だ円となると

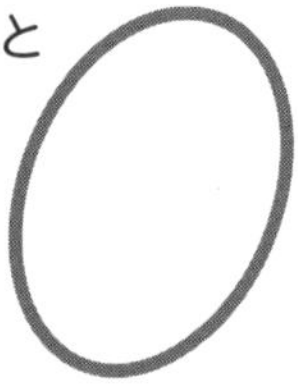

ちょっと難しくなりましたね。

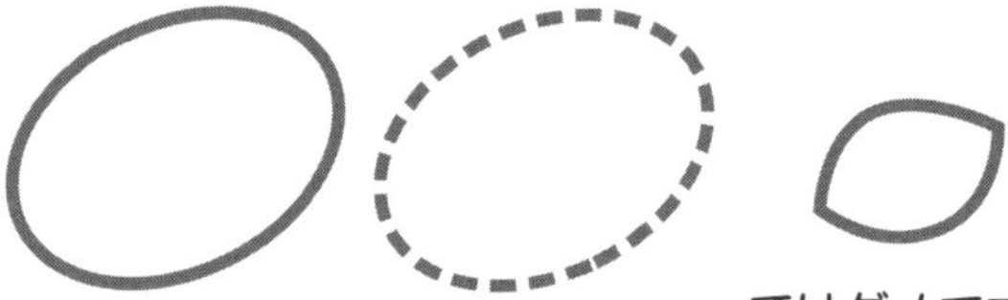

ではダメですよ。

指導例3 基本の線がき

真っすぐ線をかこう。とりさんがえさまで飛んで行くよ。

みんなでえさを食べに行くよ。
ぶつからないでね。

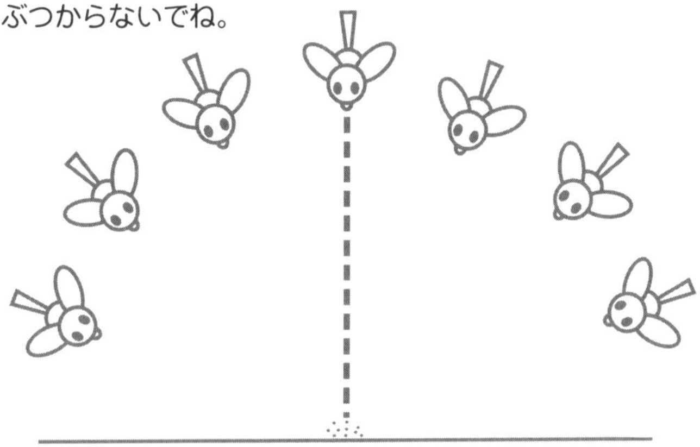

くるくる、ポキポキ

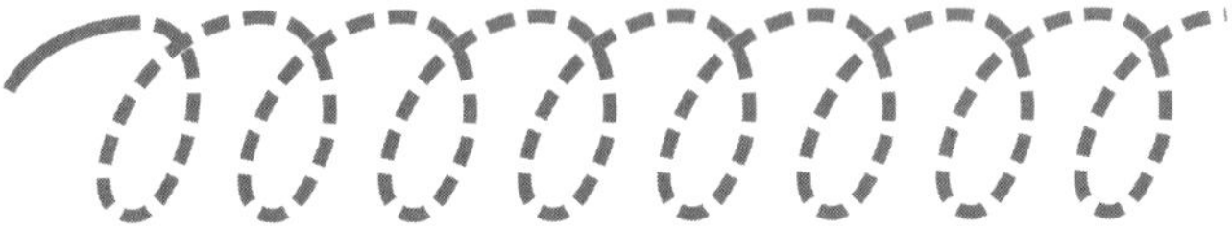

たねから芽がすっ！とのびた。

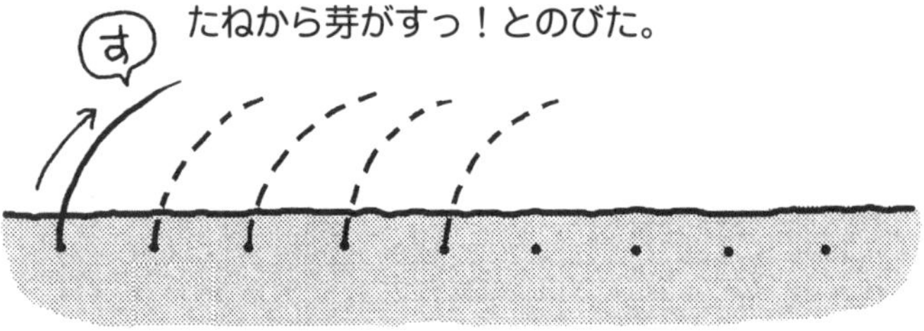

かたつむりさんの散歩。全部まわって帰ってきてね。

何回まわれる？

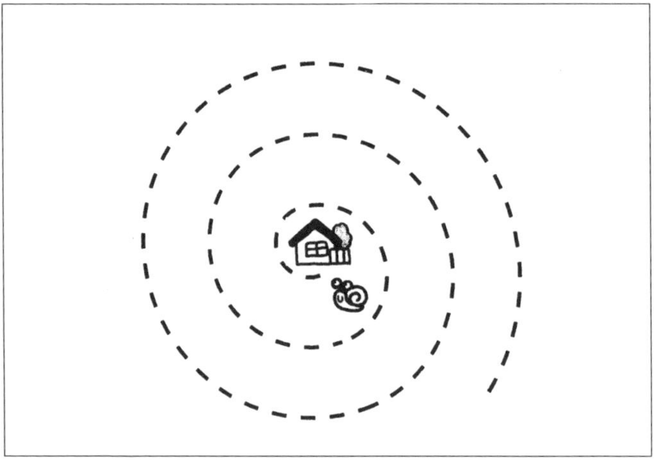

デッサンしてみる

コップをかく

では、直線とだ円を組み合わせて、身近にあるコップをかいてみましょう。

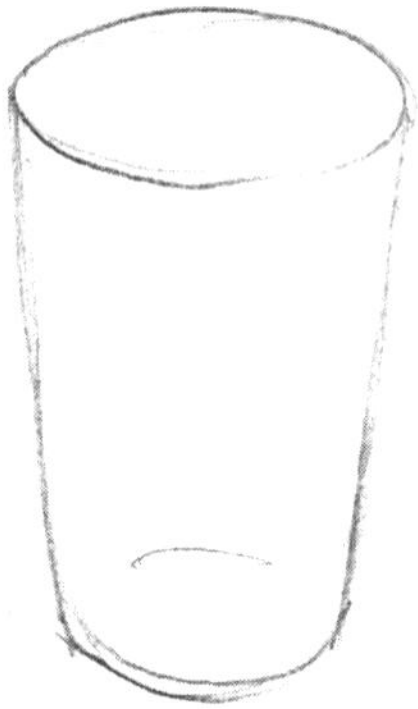

ガラスの厚みもかく

お水を7分目くらい入れてみましょう。
少し光っているところや影も……

水を入れると光と影がちょっと微妙です。

どこか変ですね。

さて、コップをこんなふうにかいていませんか？

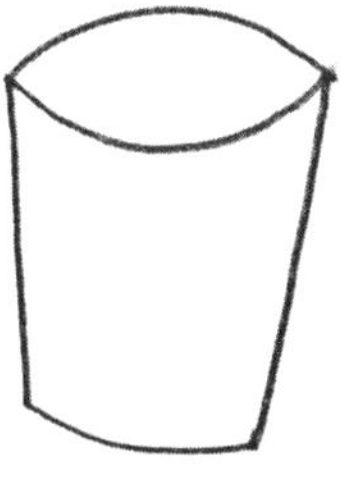

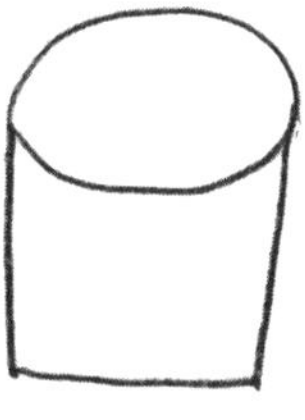

円は視点をかえると

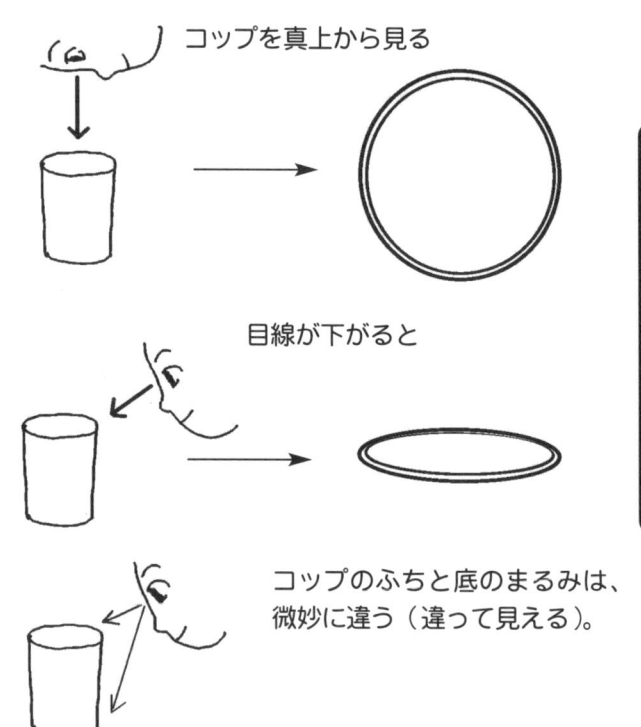

コップを真上から見る

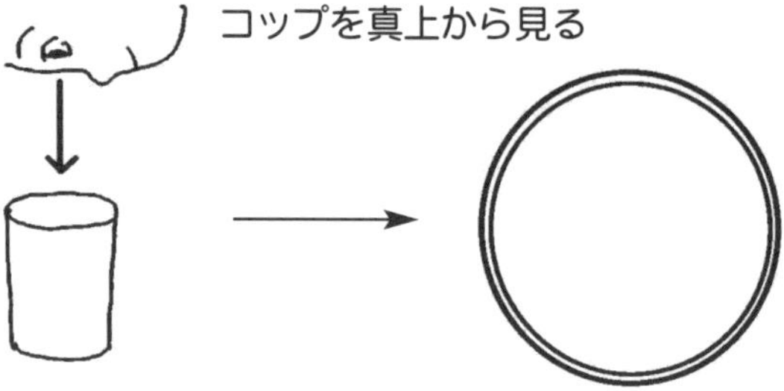

目線が下がると

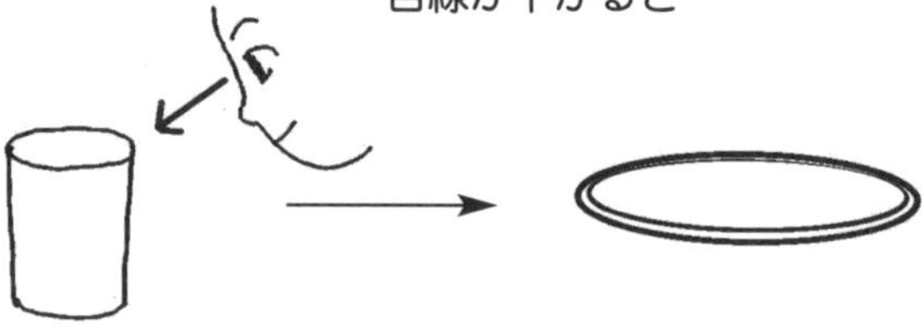

コップのふちと底のまるみは、
微妙に違う（違って見える）。

極端にかくと、目から遠い底のまるみが、よりいっそうまるく見えます。

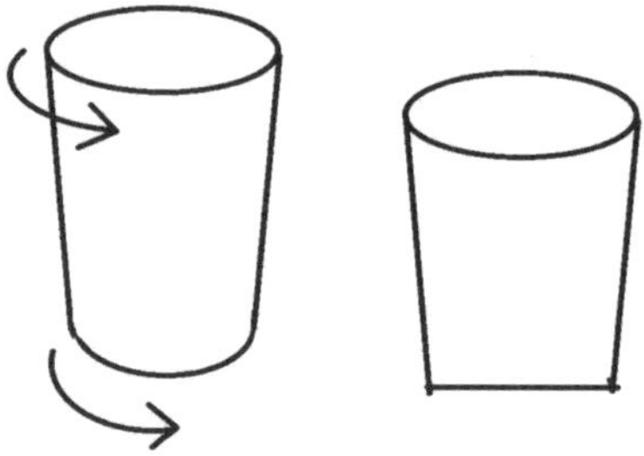

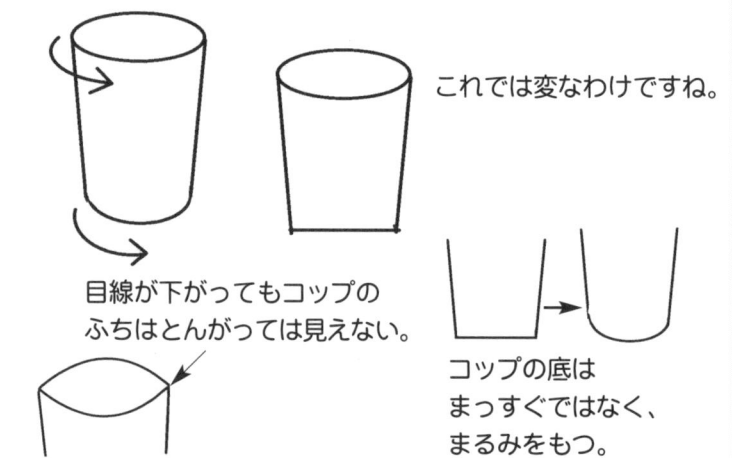

これでは変なわけですね。

目線が下がってもコップの
ふちはとんがっては見えない。

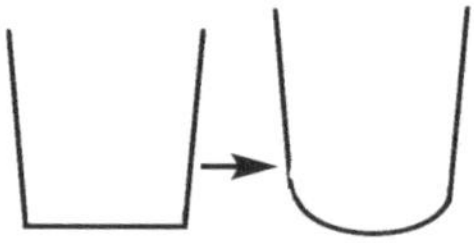

コップの底は
まっすぐではなく、
まるみをもつ。

チューリップをかく

5～7歳くらい、子どもたちの「チューリップ」の絵ですね。

みなさんの中には、似た絵しかかけない、という人もいるでしょう。

でもチューリップの花弁は、そう、みなさんの手のひらをちょっとまるめて、両手を重ねたみたいですね。

つまり、ワイングラスのようではなく、6枚の花弁のかさなりによって、花になっていますね。

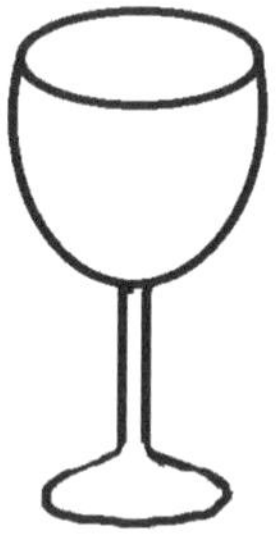

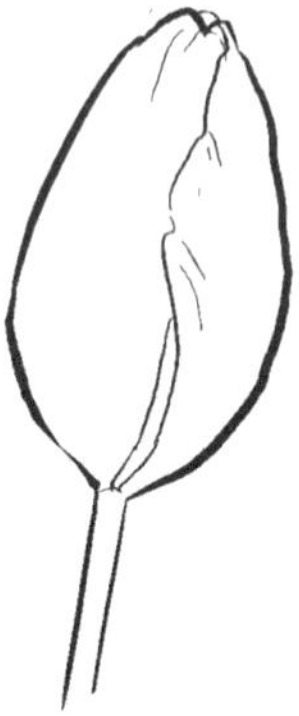

チューリップがひらききったら、パラッと花弁が落ちるのでわかりますね。

葉は

のようになっているのではなく

花、軸を包み込むようになっていませんか。

ほら、もうチューリップらしいですね。
本物を見てかいてみてくださいね。

動物をかくときは…

いざ「犬がすわっているところ」「猫がのびをしているところ」をかこうとしてもむずかしいものです。

なす

きゅうりとわりばし

こんな絵だったら何とかなりますが、やはり実際に動物をよく見たり、体のつくりなど感じとるように触れてみたりできるといいですね。

顔だけならわりとかんたんですが、体のつくりが大変です。

うしろ足は
どうなってる
のかな。

遠近法を知る

サイコロをかく

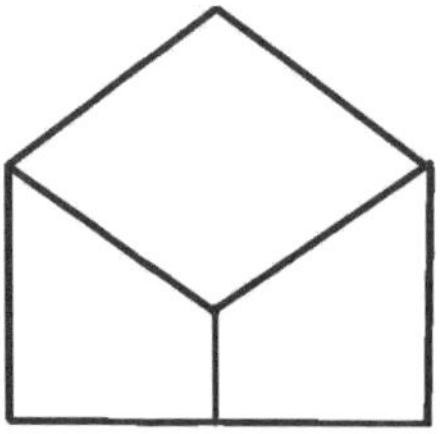

あれ？
下の線が変です。

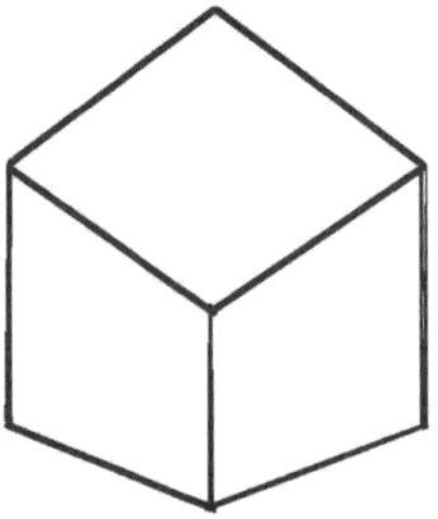

少し直った？
まだちょっとつぶれているみたい。

よし、定規を使って、３cm×３cm×３cmの正確な立方体（サイコロ）をかいてみましょう。

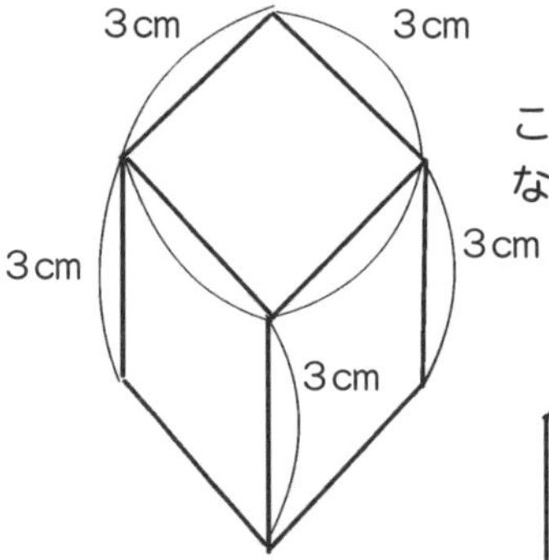

これなら「サイコロ」の形になってる？

なんか変ですね？
正しくはかった
はずなのに…。

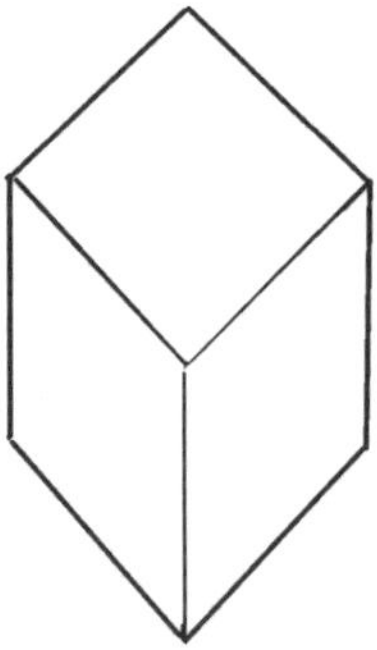

遠近法って聞いたことありますよね

　レオナルド・ダ・ヴィンチさんたちが500年も前に確立（？）したそうですが、これによって画面に広がりや奥行き、安定感が生まれました。

人間の目には“見え方”があるのです。

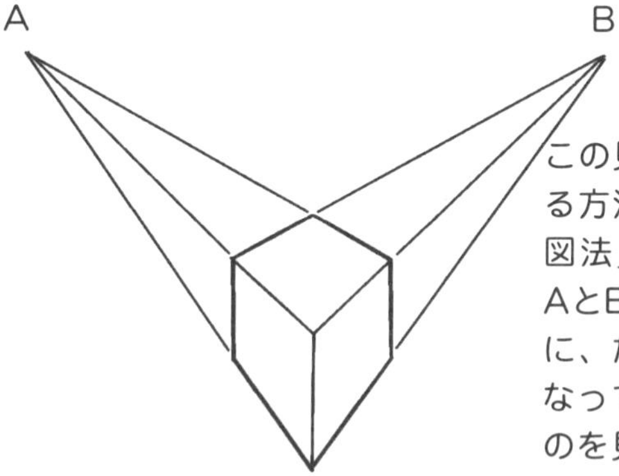

この見え方を表現する方法に「２点透視図法」があります。AとB、2つの点の方に、だんだん小さくなっているようにものを見ることができるようです。

たとえば広告用の建物写真などで、オーバーなビルの表現を見たことはありませんか。
何だかすごく大きなビルのように見えます。

これを応用してかくと

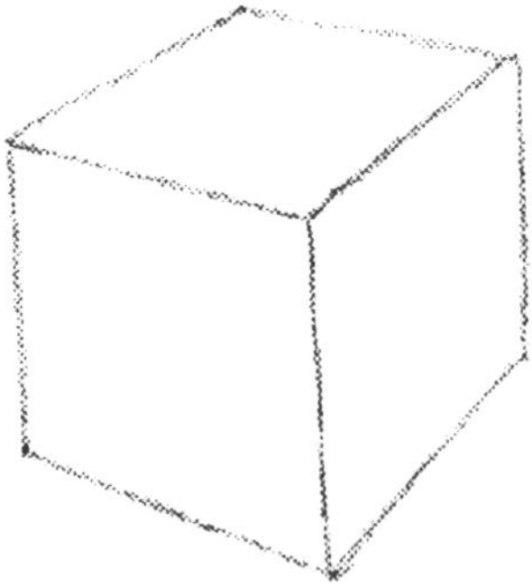

ちょっと立方体らしくかけます。

これに 方向から光をあてると……

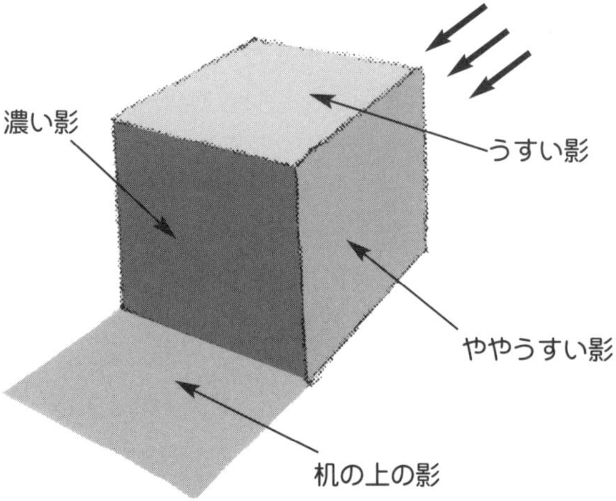
濃い影
うすい影
ややうすい影
机の上の影

影をかくことで、物の形や置かれている様子をかくことができますね。

とうふをかく

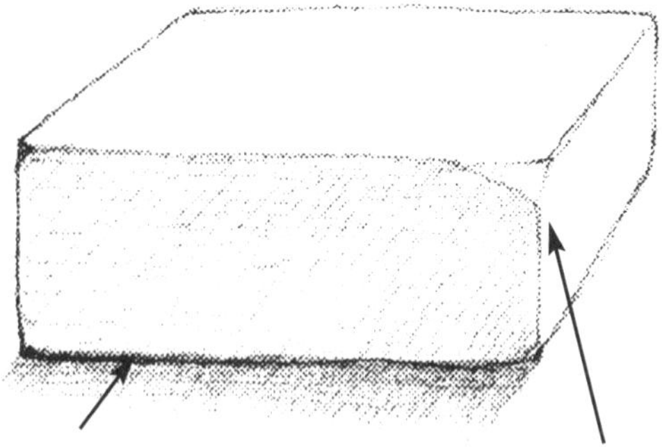

定規のような線ではなく
フリーハンドで、やさしく

ちょっとかけているの
もいいかも

影などをつけて、とうふらしさをかきくわえます。

白の絵の具で、色画用紙（灰色など）を
使ってかいてもいいですね。

お皿の上に乗せると、より
とうふらしく見えますね。

「運動会」 1年生 （参考作品）
p29

「玉ざわさん」 1年生 （参考作品）
p18

「きくの花」 3年生 （参考作品）
p76

木をかくとき（参考作品）p54

奥行きのある風景をかく（参考作品）p52

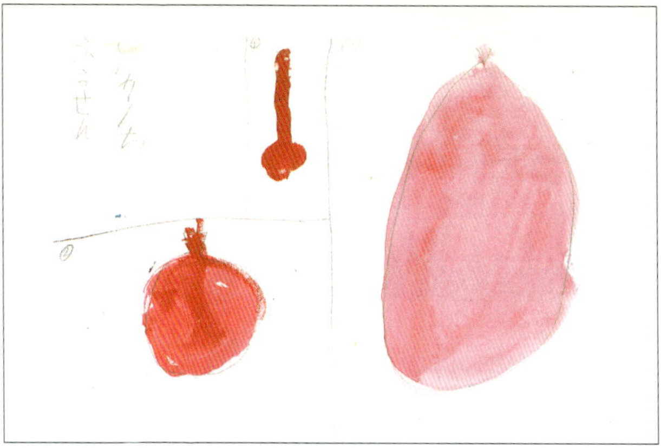

風船（参考作品）p63

ていねいに色を塗る（参考作品）p82

しましま靴下（参考作品）p67

こんぺいとうのネックレス（参考作品）p73

色彩構成（参考作品）p81

グラデーション（参考作品）
「夕やけのまち」（切り絵と水彩）p83

人の顔をかく（参考作品）p9

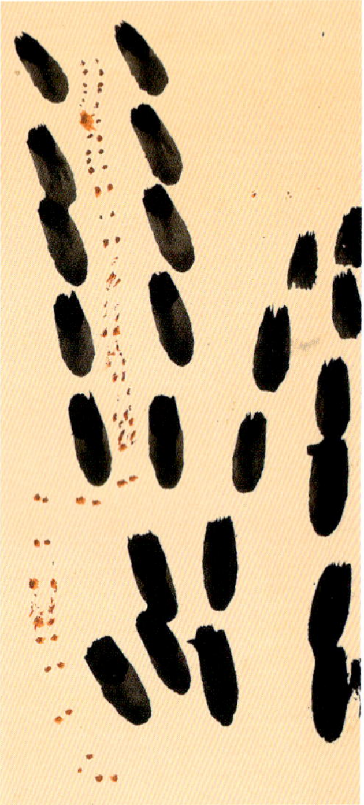

動物の足あと（参考作品）p66

大きな絵をみんなでかく（参考作品）　「ザリガニランド」１年生共同作品　p86

どう並べる？

りんごとたまねぎとコップと新聞紙をかく

身近にある、りんご２つ（やや大きさが違う物）、たまねぎ1つ、コップ（水入り）、新聞紙（こんなふうに折る）を用意してかいてみよう。

かきたいものの配置と、遠近法などによる表現の工夫で、統一感のある組み合わせを作ります。

コップの底が新聞紙にかくれない
横１列に並んでしまわない

りんご２つがかさなってもよい

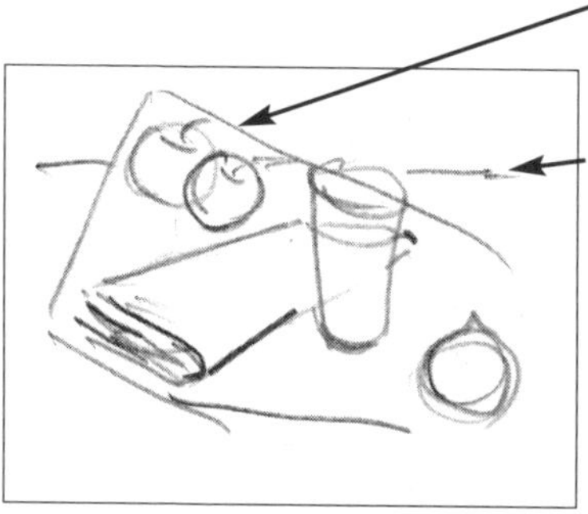

基底線

いろいろ実際に置いてみて、「まとまっている感じ」でよいでしょう。

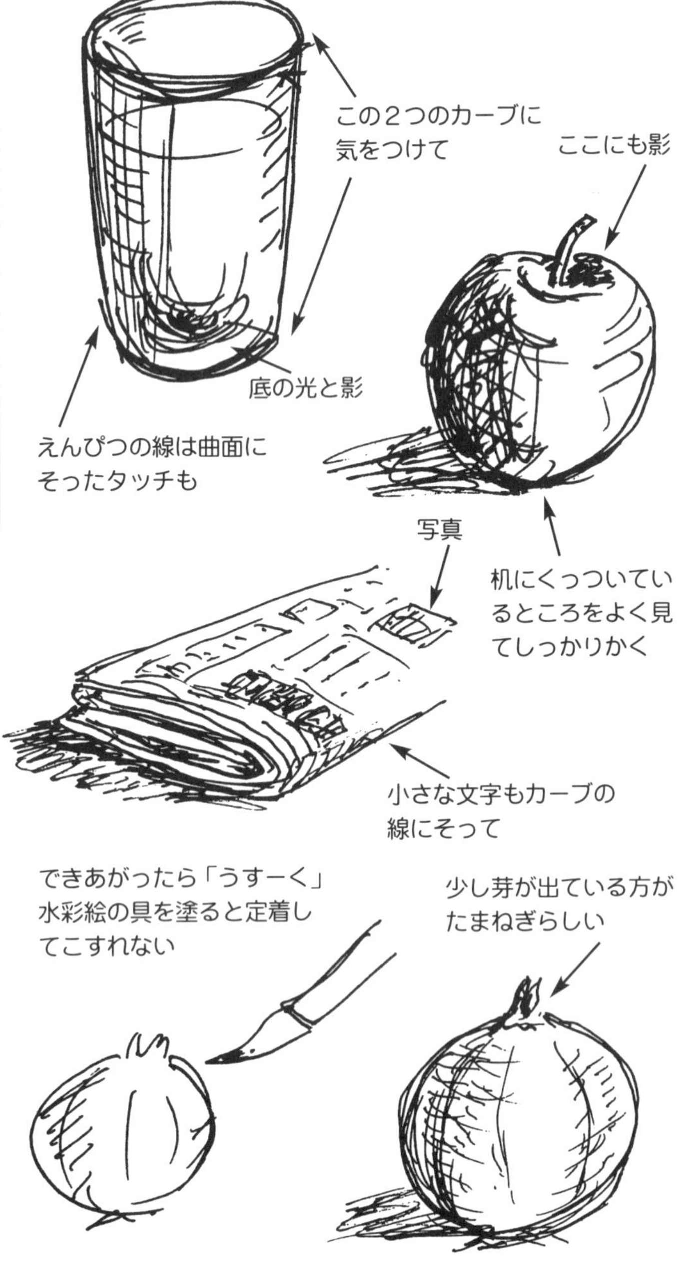
この2つのカーブに気をつけて
ここにも影
底の光と影
えんぴつの線は曲面にそったタッチも
写真
机にくっついているところをよく見てしっかりかく
小さな文字もカーブの線にそって
できあがったら「うすーく」水彩絵の具を塗ると定着してこすれない
少し芽が出ている方がたまねぎらしい

絵の具はほんの少し、水をたくさん使ってうす塗り。

こういうところは、よく見て正しくかきます。

ちょっとまねっこしてかいてみますか。

実際のモデルを並べてかいてみてください。

風景画にチャレンジ

旅行などをして、その風景をサラサラッとスケッチブックにかけないものでしょうか。いや簡単、簡単。以下の基本を少し練習しておいてください。

奥行きのある風景をかく①

基本１

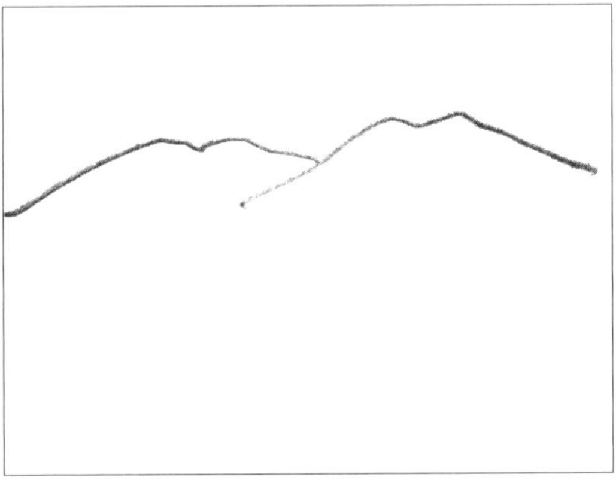

まず、こんな山の風景を見たとします。
山の頂（いただき）＝稜線をえんぴつでかいてみましょう。

雲か霧で下をモヤモヤ……もう、これだけで１枚のスケッチです。

基本2

ふもとの方まで風景が見えていたら

基底線になるところを、うすくかいてみます。

あと何が見えますか。家と木立があったら……
家がうまくかけないときは、省略して木立だけをかいてもいいですよ。
手前に田んぼがあります。

木をかくときは…

　桜の花をかく、風景をかくなど、何げなく木をかく機会は多いと思います。

木は見ないでかくと

　桜の木をかくときなどは「木は根っこからぐぐっと空の方へ伸びていたね。」「枝も上へ伸びているね。」と子どもたちに話しかけ、注意して観察するようにさせながらかくのもいいですね。

色を塗る

①薄い色から順に塗ります。

②緑の葉にも濃い、うすいがありますね。
緑の葉の色は、絵の具の緑、黄緑だけではなく、黄色＋青の絵の具を混ぜたりしながら、たくさんの「緑」を表現することができます。

③幹もいわゆる「茶色」と「黄土色」そのままでなく、２色くらいを混ぜて、自分で色を作りだすことができることを子どもたちに指導しましょう。

奥行きのある風景をかく②

奥の方に消えるようなところを表現するには、細部にこだわらず木などをかくと奥行きがでます。

電柱などを省略して、全体の印象をとらえましょう。

遠くから近くまで、手前から奥までと奥行きのある広い風景を表現するには……

●遠景、中景、近景の3つの要素を取り入れると、スケッチらしくなります。

●まわりの景色を見て、少しかいておきましょう。

基本の使い方

水彩絵の具の基本的な指導法について、よく「どうしたらよいか」と聞かれます。

ここでその基本をマスターしておきましょう。

道具を使う

まず、パレットに色を出します（皿でもよい）。

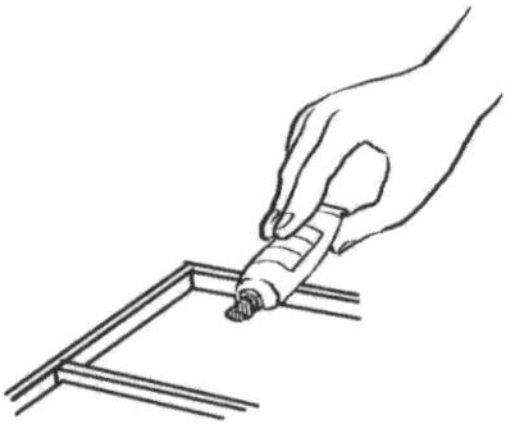

筆洗いに筆を入れ水をつけます。

チョンチョンと布の上にのせ、水を調節します。

筆先に絵の具をとり、

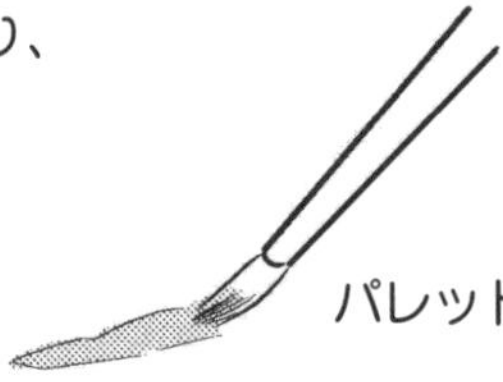

パレットでのばします。

パレットの使い方

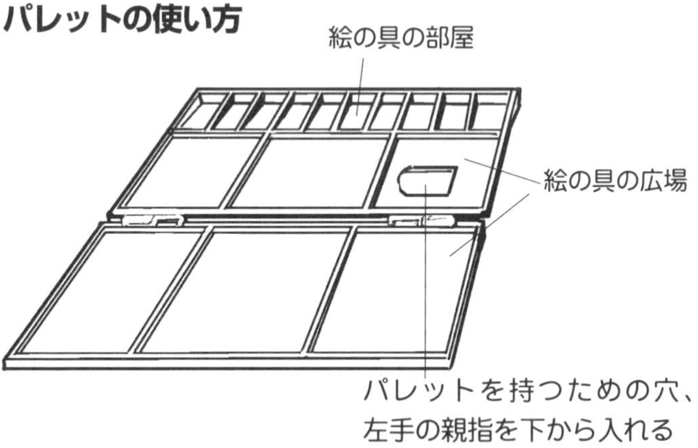
絵の具の部屋
絵の具の広場
パレットを持つための穴、
左手の親指を下から入れる

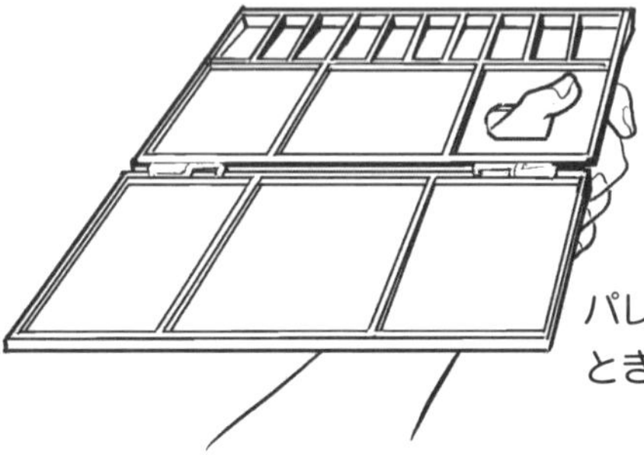

パレットを持ってかくとき

絵の具の部屋に絵の具を出す

子どもは、たくさんの量を出しすぎる傾向にあるので、かく物によって「ごはんつぶ2つくらい」とか「1cmくらい」などと指示するとよい。

布で筆をチョンチョン……

古い日本手ぬぐいなど木綿を用意し、筆についた余分な水分や色をチョンチョンと落とすとよい（絵の具セットについているスポンジでは、すいとりが悪い）。

筆の洗い方

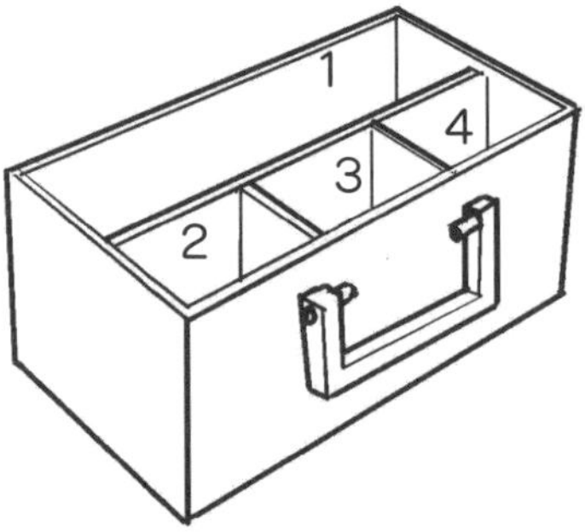

筆を洗うには、すぐ水を全部濁らせてしまうので、きまりを教えます。

汚れた筆を洗うのは

①1番大きい1のおふろでジャブジャブ絵の具を落とす。

②２のおふろでもう1度よくジャブジャブする。

③３のおふろでもよく洗う。

④４は仕上げのおふろ。きれいな筆になるね。

それぞれ筆はおふろからあがるときヘリでなでて、水をきってから次のおふろへ入る。

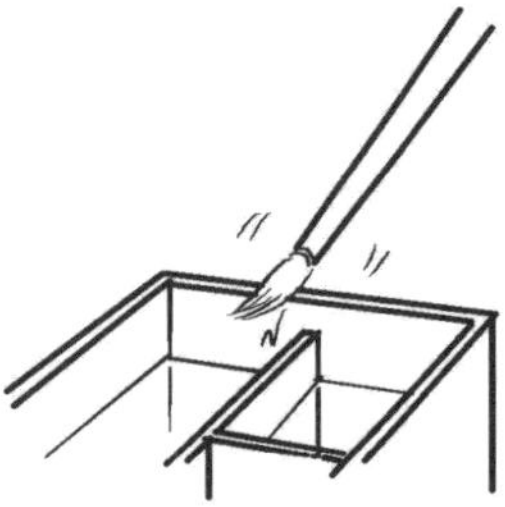

別の筆を洗うときもこの順番です。

違う色のついた筆を洗うときも１～４の順です。最初１のおふろが汚くても、まずここでだいたいの色を落とします。

絵の具を塗るときのポイント

①筆の水かげん＝たくさん筆に水を含ませすぎない（表現によってはたくさんの水を筆に含ませる場合もあります）。

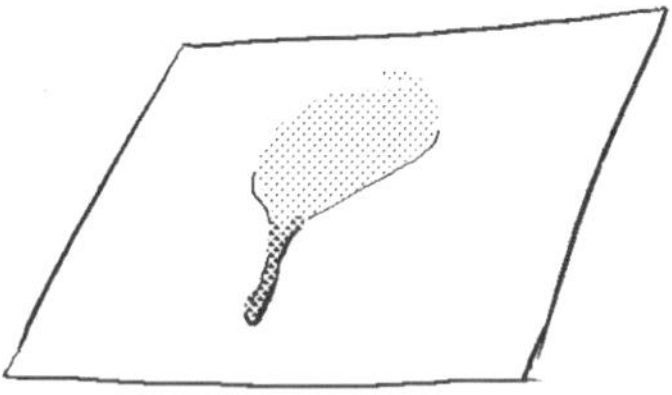

紙を立てても「よだれ」のようにならないように！

②ていねいに塗る。

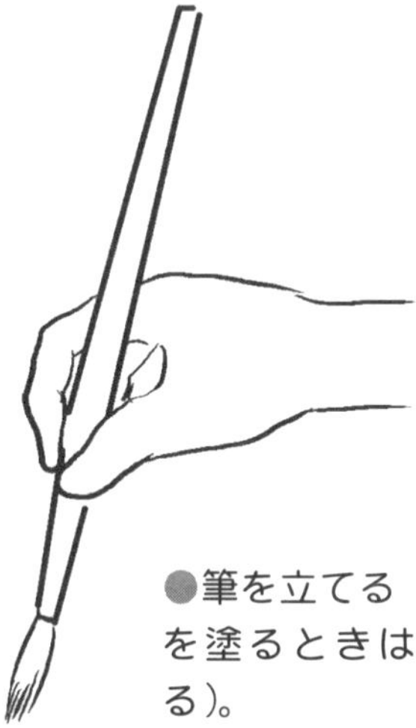

●筆を立てる（広いところを塗るときは筆はねかせる）。
●力を入れすぎない。
●「塗る」より「置く」感じが大切。
●同じところを何度も往復して塗らない。

力の入れすぎ！

③筆洗いの水をひっくり返さない（机の上の置き方に注意する）。

机上での置き方

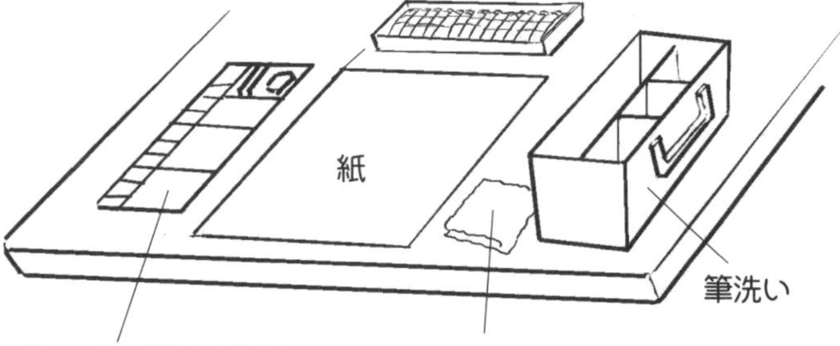
絵の具箱
紙
筆洗い
パレット（机上がせまいときは、パレットを持って使う）
筆ふき布

筆は筆洗いの筆立てに立てるか、布の上に置く。

●紙は、常に4ッ切り、8ッ切りなどの定型でなく、絵に合わせて8ッ切りの半分の小さいもの、正方形や長方形にカットして使う。

●低学年で 4 ッ切りの用紙では大き過ぎるときもある。

●机上には置けないような大きな紙を使うときなどは、床の上に新聞紙の台紙をしいてかくとよい。

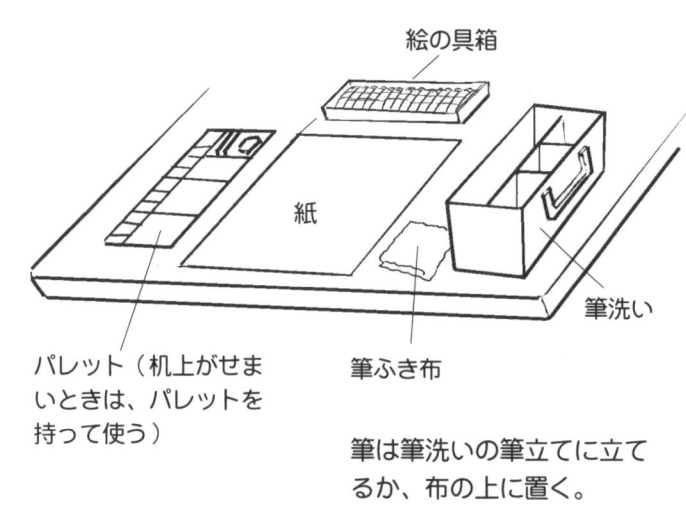

絵の具はどこから塗ったらいいのか

絵の具は、原則として

①遠くから

②うすいところから塗るというのが無難です。

③色を重ねて塗るには、先の色が乾いてからです。

④近景は、絵の具を濃くして（「マヨネーズ」のような絵の具、やわらかさ）塗ります。

⑤水彩絵の具は、水であざやかな表現ができるということです。

いわさきちひろさんの水彩画のように、あわくにじんだ色は、先の色が乾かないうちに色を重ねることでにじんで、やわらかい感じになります。

空や水、広がりや、やわらかさを表現したいときなど、この水によるにじみは効果的です。

⑥くっきり、すっきりは、ポスターカラーやアクリル絵の具が効果的です。

ポスターなど、よくわかる目立つ表現には、ポスターカラーなどが効果的です。アクリル絵の具は油性で、水にぬれてもよいところのもようなどに使えます。

水使いの練習

指導例4 風船

赤や青の風船を用意する。

「はい、風船です！」

「これなーんだ。楽しいものだよ」
「ヒント……」
「フワフワ」
「バーン！」

「わあ！」（わざと空気を抜いたり）

「さて、この風船をかいてみたいと思います」

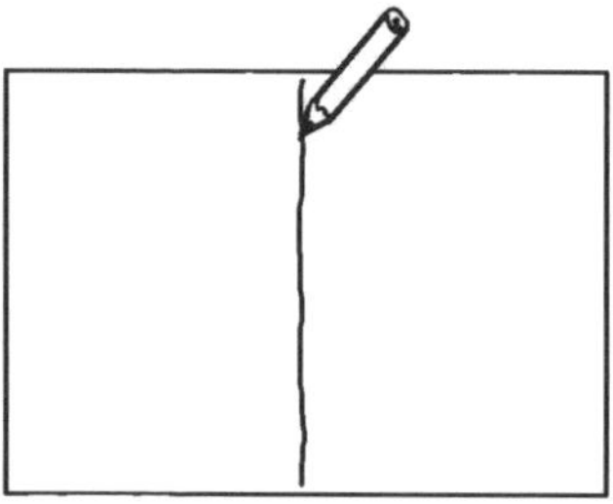

「まず、この紙のまん中に、えんぴつで１本線を入れて」
「少し曲がってもいいよ。すーっと引きます」

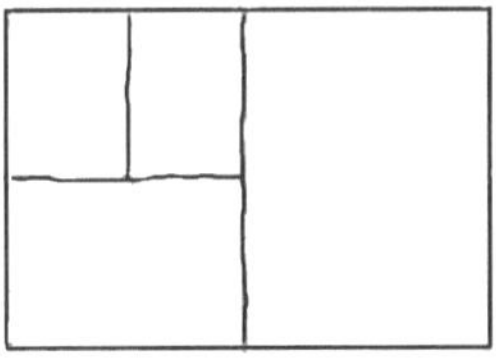

「左側のまん中に横１本」

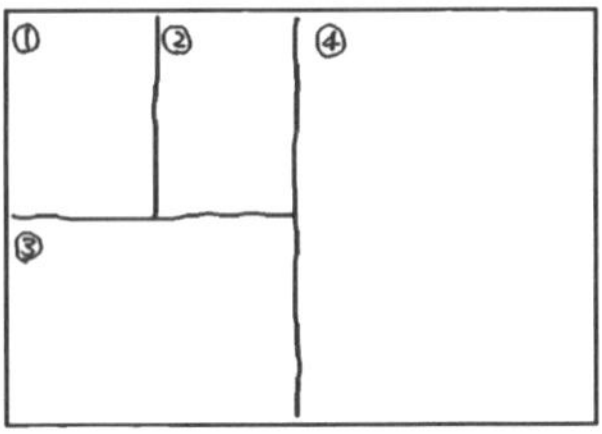
①
②
④
③

「その上のます目のまん中に、たて１本ひいてください」

かけない人は、置いてえんぴつで型取りしてもよい。

①
ふうせん
3くみ
○○○○
②
④
③

「そして１、２、３、４と番号を入れて１には題と名前をかいてください」
「２には、ふくらませていない風船をかきます」

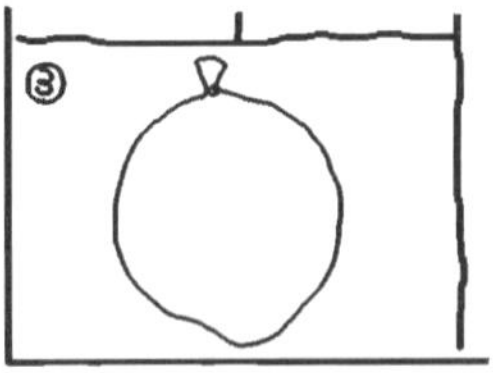
③

「３には、ちょっとふくらませた風船をかきます」

「４にはいっぱいふくらませた風船を……」
「いくよー」
「プーッ」
「割れちゃうかな」

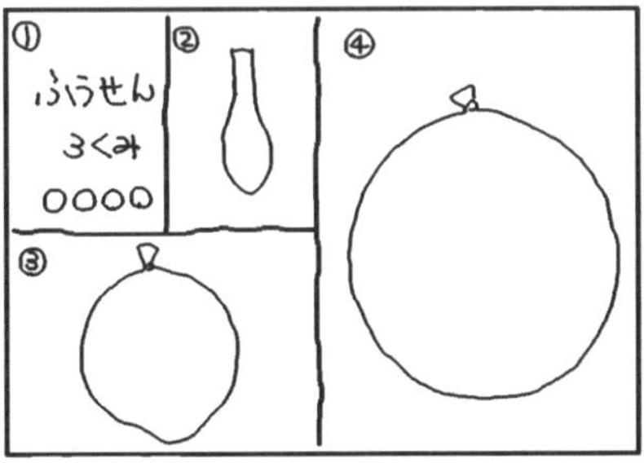
①
ふうせん
3くみ
○○○○
②
④
③

「では、２から色を塗ってください」
「２の風船の絵の具は、あまり水をつけない濃い色だね」

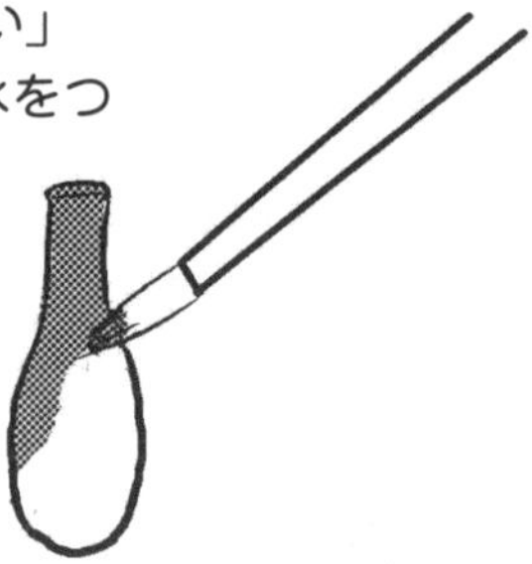

「おや、見てごらん」
「３のちょっとふくらました風船とまだふくらましていない風船の色はどうちがう？」

「うすくなってる？」
「そうそう、少しうすくなっているね」
「ふくところと、先っぽに少し濃いところがあるよ」
「よく、見ているね」

「じゃあ、少し水を混ぜて、パレットの広場で絵の具を広げて塗ってね」
「さあ、大きい風船は？」
「もっと水を混ぜればいいんだよ」
「そう、そう、たっぷり水を混ぜてくださいね」
「はい、この通り。１色の絵の具も水で３つの色になりますね」
「もっと、４つにも、５つにもなりますよ」

指導例5

動物の足あと

色画用紙（灰色かうすいクリーム色など）を用意する。

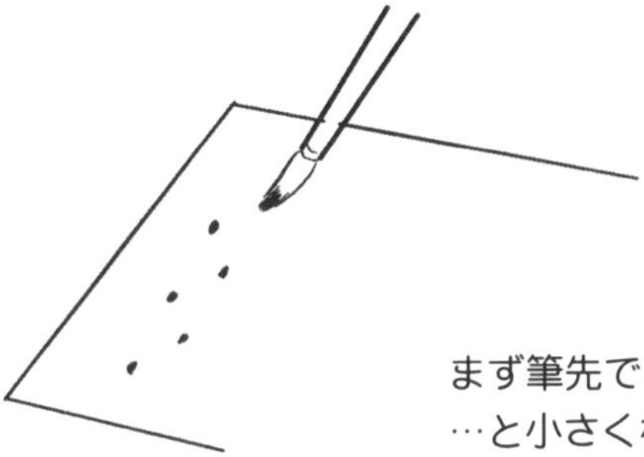

まず筆先でチョンチョンチョン
…と小さくねずみさんの足あと

次に犬さんの足あと
次は太筆にたっぷり絵の具をつけてぞうさんの足あと
へびさんの足あと（？）はニョロニョロ～とかきます。

指導例6

しましま靴下

絵の具でかく線を使います。

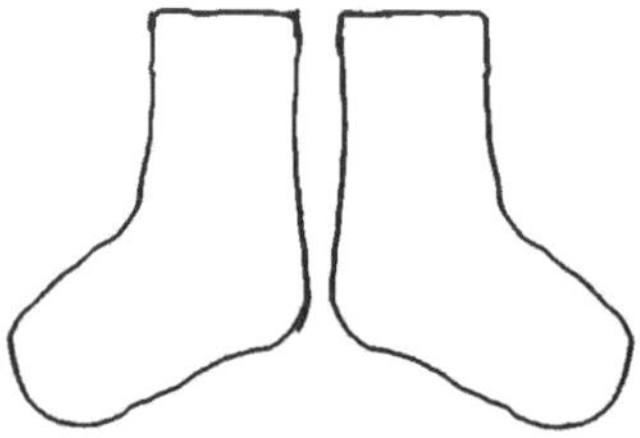

①白の画用紙に靴下をえんぴつでかく（幼児は印刷しても、本物の靴下の型取りをしてもよい）。

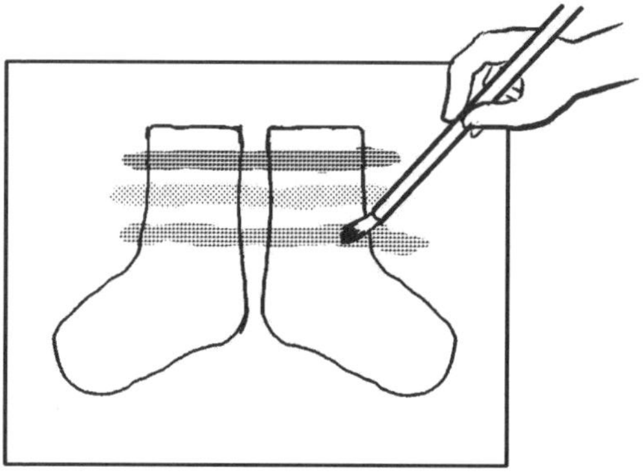

②好きな色で横線を靴下を２つとも通りぬけてかく。隣の色と少しはなしてかく。

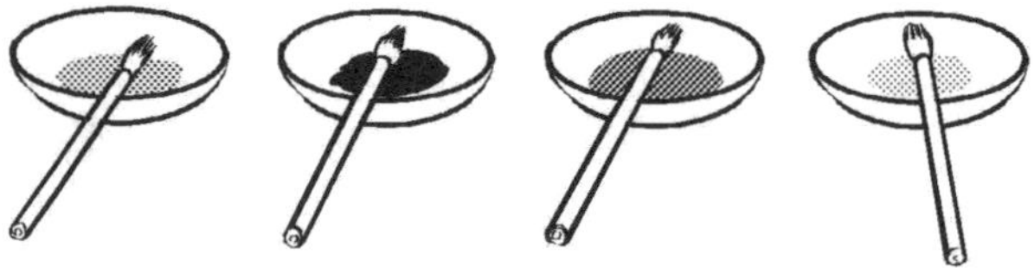

絵の具はいろんな色を皿に出して、それぞれに筆を用意して共同で使ってもよい。

③足のかかとや先はこんなのもいいね。

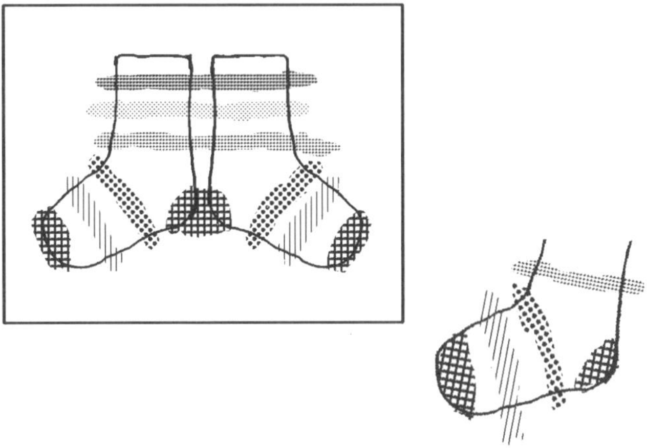

④絵の具が乾いたら、靴下を切り抜いてのりばりする。
（あい色などの色画用紙がよい）

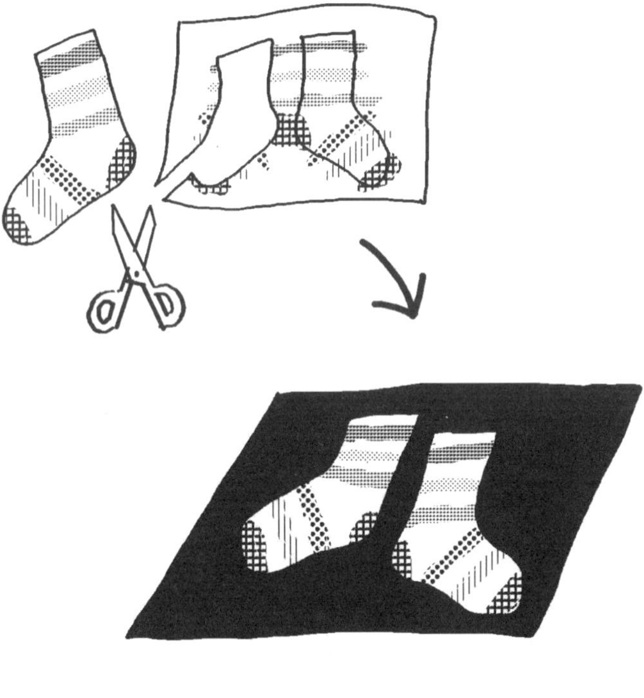

点描でかく

指導例7 桜の木

　春、校庭の桜を見て、木の幹のごつごつにさわったり、花びらぶえで遊んだりした後に……

花びらを両手でつまみ、息をふきかけピーとならします。

色画用紙（正方形がかきやすい）を用意します。

まず木を下から上へのびるように、太筆でかく。

絵の具で花びらをチョンチョンと点描でかく。
ピンクは、白に赤を混ぜてつくりますが、白を多めに使います。
幼児はグループで、皿に絵の具を出して共同で使ってもよい。

地面や散る花びら、下で遊ぶ子どもたちは、子どもたちの発達段階に応じてかく。

1年生の作品

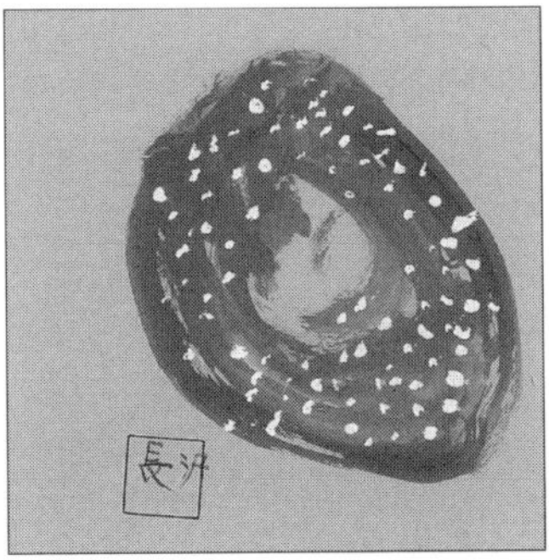

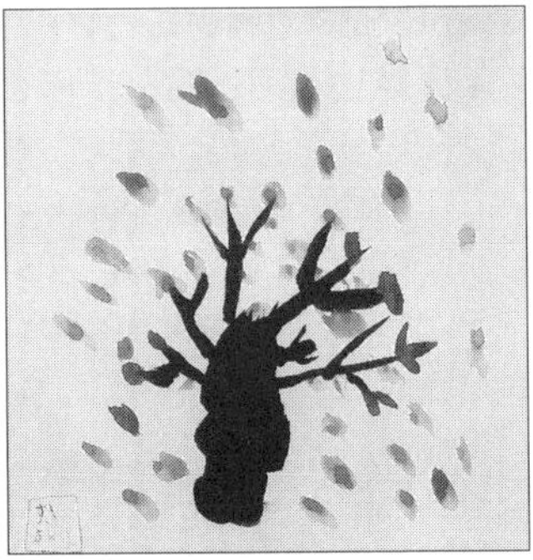

冬なら

雪だるま、雪がこんこんふってきた。
色画用紙は、濃い色で、灰色などがよい。
（幼児は色紙で、雪だるまを貼り付けておいてもよい）

夏だったら

はだかんぼ人間をかく

→ 絵の具が乾いたら

パンツもはかせて顔もかく

わあ、
冷たい
シャワーだ

線と組み合わせてもよい

指導例8

こんぺいとうのネックレス

「こんぺいとう」って知っていますか？

　本物を袋に入れて「ここにいいものを持ってきたよ」などと話をして、各グループ（４～５人）の机上の紺色などの色画用紙の上に、15こくらいこんぺいとうを入れた袋をのせます。

これは「こんぺいとう」というお菓子なんですよ。
あま～いお砂糖でできています。
宝石みたいでしょう！

机の上の色画用紙の上に、並べてみましょう。
まるーく並べると本当に宝石のネックレスみたいだね。

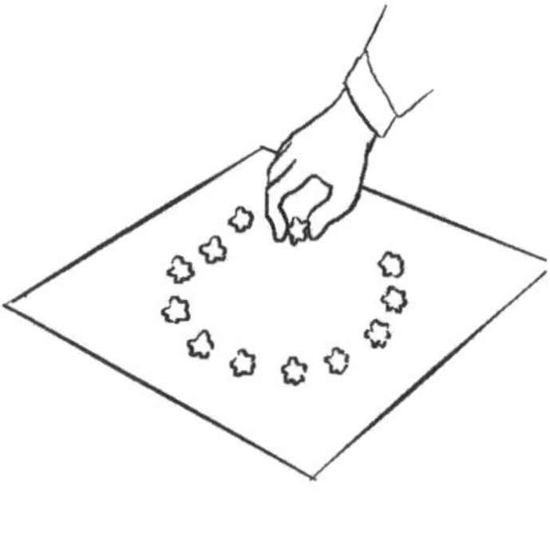

ほら！
みんなも並べてね。
食べる前にこれを絵にかいておこう。
絵の具は、このこんぺいとうと同じ色を出してみましょう。
何色がある？

絵の具は筆の先につけて、お水を少しつけて、筆ふき布でチョンチョンしてから、筆先で、ちょっとこちょこちょするといいね。

色ごとに筆をとりかえるときれいだよ。

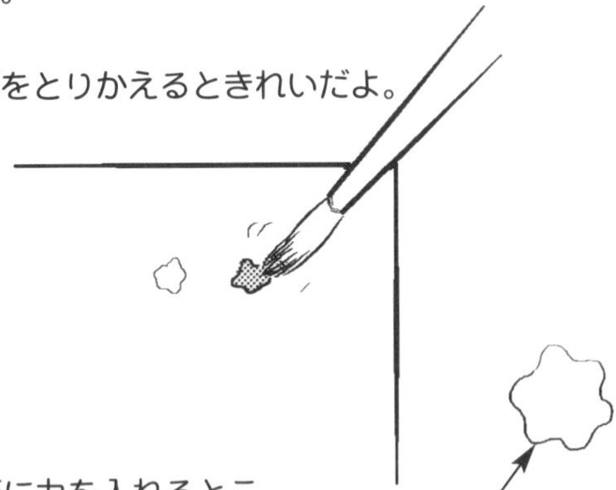

あんまり筆に力を入れるとこんぺいとうが大きくなりすぎるから注意してね。

こんなふうにこちょこちょすると「こんぺいとう」みたいだよ。

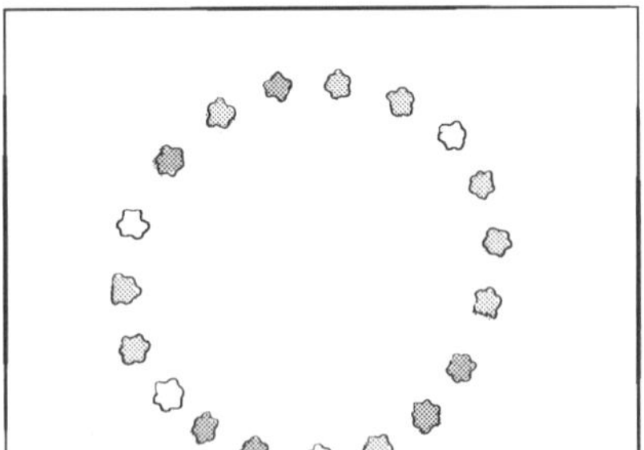

だいたいまるーくネックレスみたいにかいていくといいね。

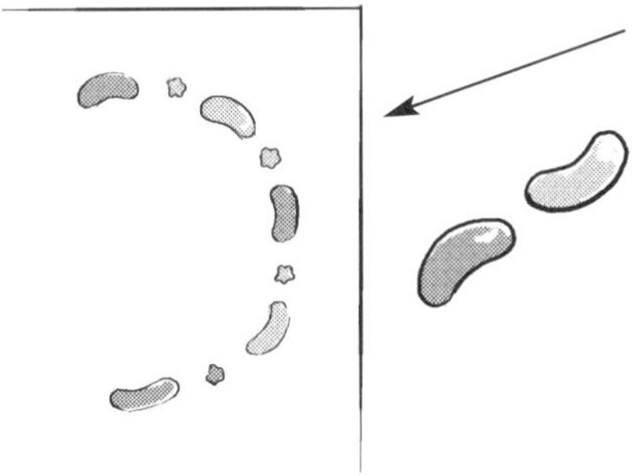

色のついた別のお菓子を加えてもよい。

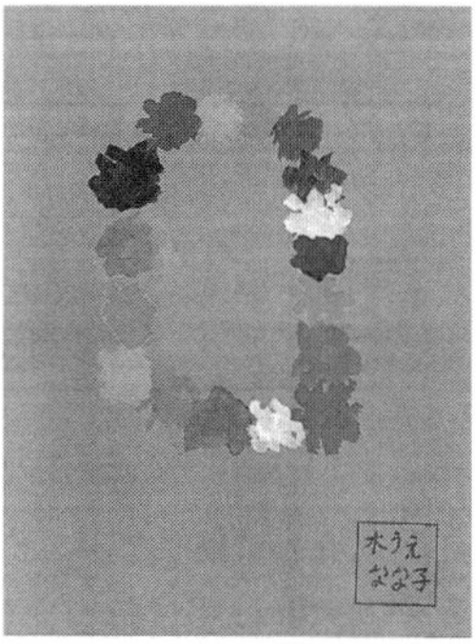

すごーいね。
本物のネックレスみたい。
お母さんにプレゼントしてあげようね。

ぼかしてかく

指導例9 ビー玉

1～3年生は「ビー玉」をかくのもよいですね。

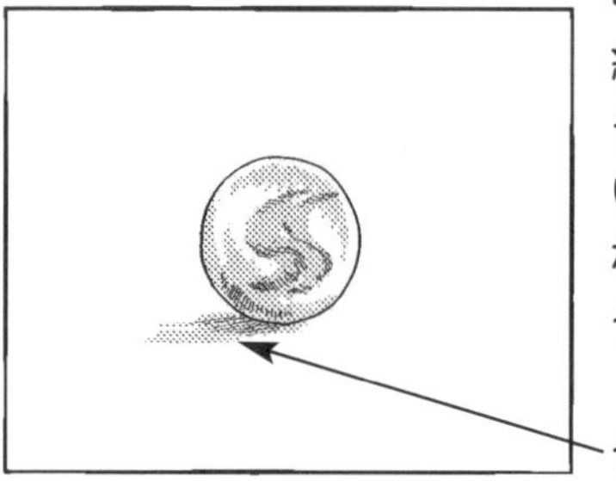

中にもようのあるもの。
絵の具をぼかして（水をうまくつかって、乾かないうちに塗る）、きれいな色を出してみましょう。

うすく影をつけてもよい。

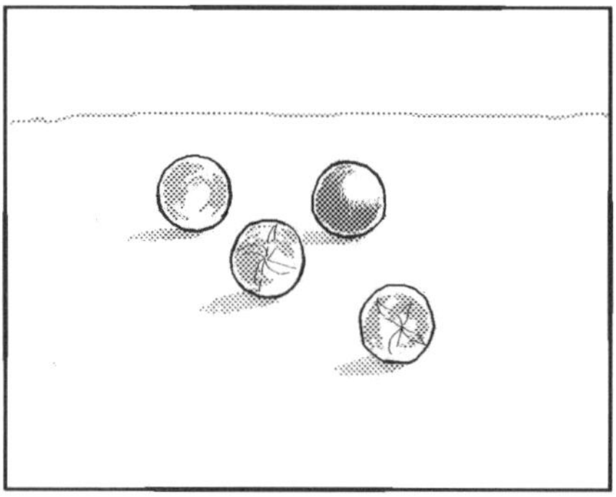

いくつか
色あいのちがう
ものも……

かさねてかく

指導例10 マーガレット

　マーガレットをかいてみましょう。
　マーガレットの花を一輪水に浮かべて、上からのぞきこみます。
「きれいだなあ！」

さあ、これをこの紙にかいてみよう。

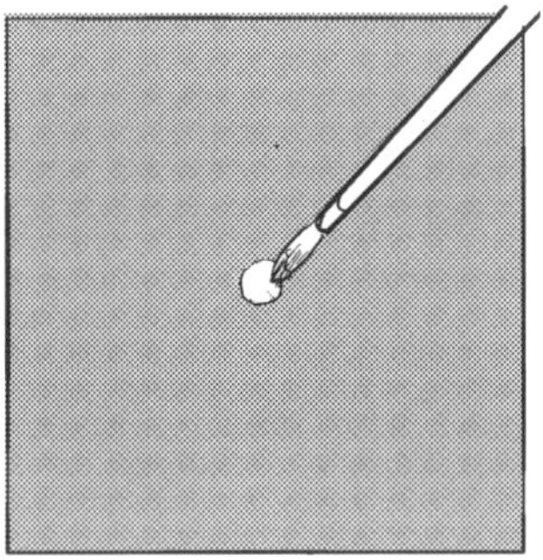

①10cm四方の正方形の色画用紙（紺か灰色）のまん中に、花の中心の黄色を濃い絵の具で（あまり水を含ませない、筆ふき布を使った筆）かく。

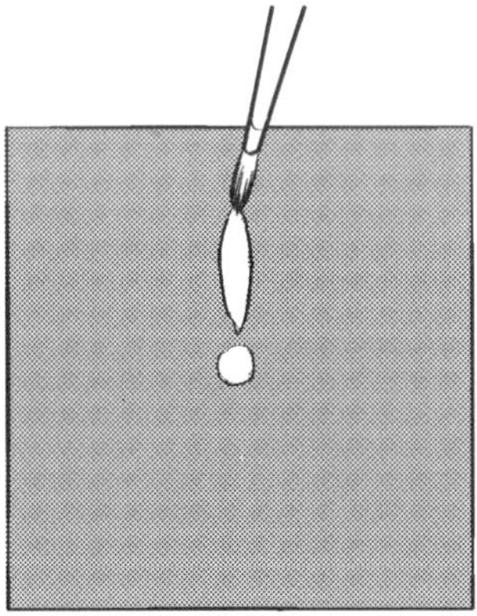

②白の絵の具で（これも濃い白）中心から外へすーっと花びらをかく。

③上、下、右、左と対称に花びらをかいていく。

④順にかいていくと花びらがこみあって、あとの花びらが不自然になる（もちろんこの方法でもよい）。

⑤わあ、きれい。ほんものみたい！

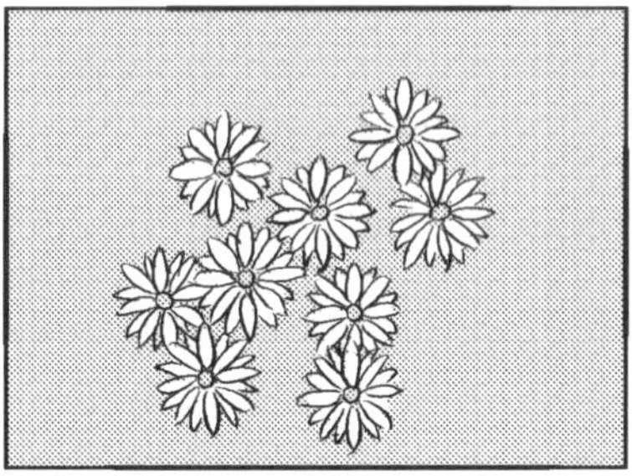

⑥もう少し大きい紙（横長の画用紙）にたくさんかいてみる。
マーガレットの花だんにもっていくといいよ。

⑦葉っぱのあるのもかいてみようか。

色画用紙をたてにする。

⑧かびんもかく？

色を楽しむ

指導例11 色パズル作り

p95の図を、拡大コピーして画用紙に印刷して配る。

６色カラーパズル作りです。
みなさんの６角の形が７つある画用紙に、それぞれ色の名がかいてあるね。

その三角のところにその色を塗ってください。

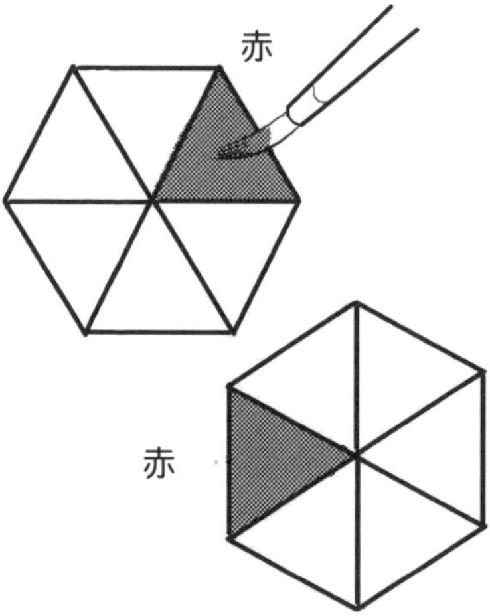

絵の具はあんまりうすくするときれいな色にならないよ。

同じ色は、7つ分塗るといいね。

次の色は、前の色と隣り合わせになるとき、にじまないようにね（乾いてからがいいよ）。
色は外には、はみ出してもいいけど、隣の色のところへは、はみ出さないでね。

白のところは、塗らないでいいですよ。

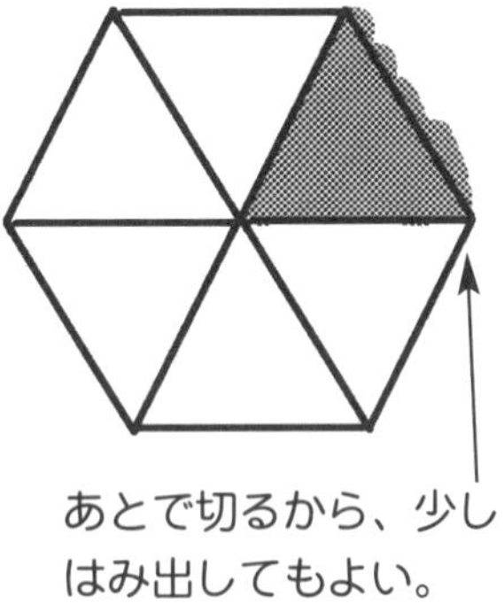
あとで切るから、少しはみ出してもよい。

全部塗って乾いたら、６角形を７つともていねいに、はさみで切り取ってください。

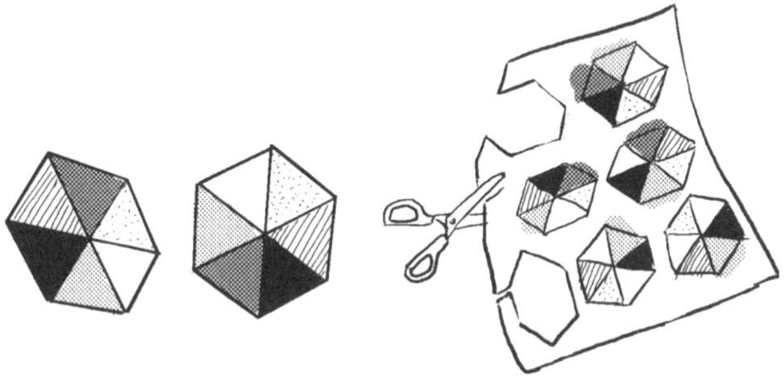

この７つのうちどれか1つをまん中に置いて、そのまわりに６枚を取り囲むように並べるのですが、

右の図のように⇔で隣り合う3角の色は、どれも同じ色になるように並べられますか？
とても、難しいですよ。

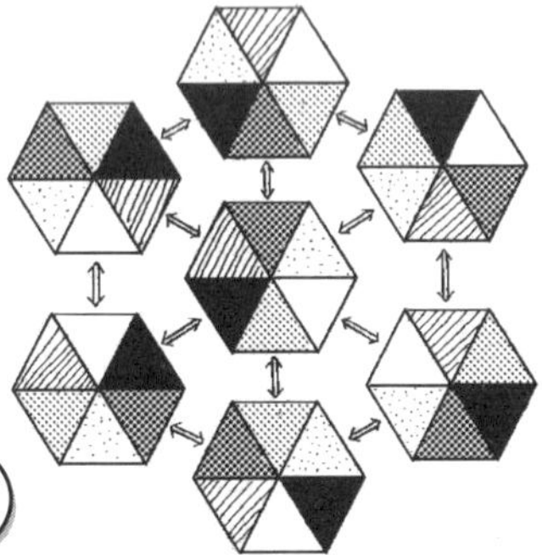

何分で
完成かな？

指導例12 色彩構成

色画用紙の残りや、折り紙を使って、形を自由に切って、のりで貼りつけて、なかまの色を選ぶ勉強をしますね。

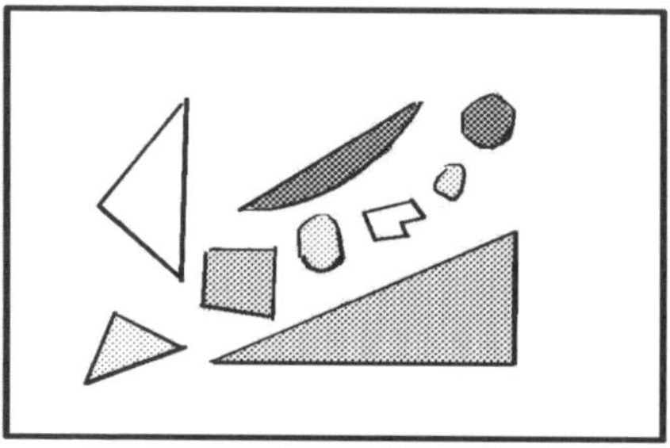

形だけで構成

色は３色から５色くらい選ぶ。なかまの色を選ぶ。

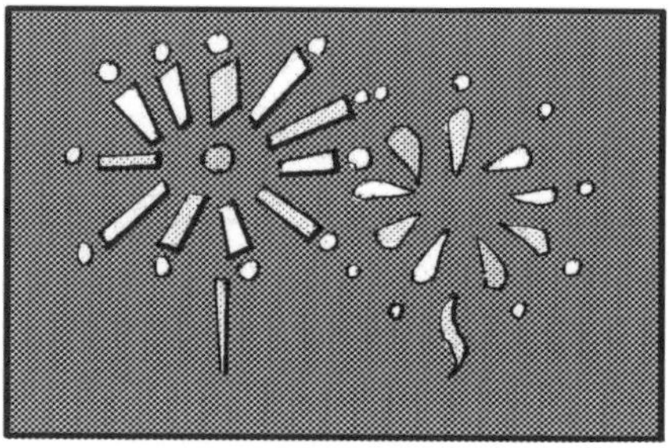

「花火」などをあらわす

「あたたかい色」のなかま、「寒い色」のなかまで表現する。

台紙（貼る紙）も「よく合う」と思う色を選ぶ。

指導例13

ていねいに色を塗る

色えんぴつや水彩絵の具を使って、ていねいに色を塗る練習をしましょう。

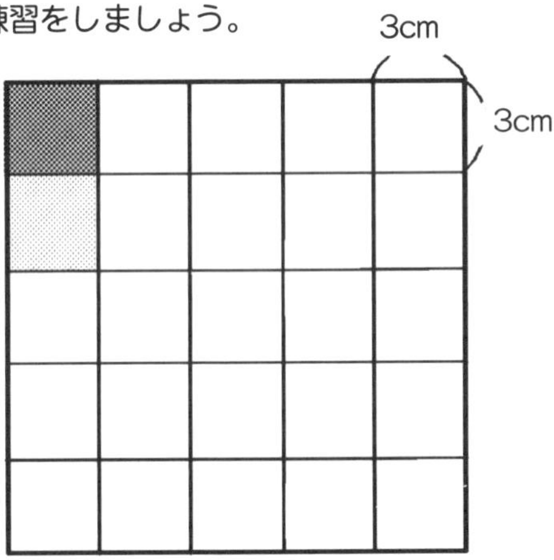

①ますめに選んだ色を塗っていく（絵の具または色えんぴつ）。
②色はなかまの色を選ぶ。
③絵の具は、隣りのますめとにじまないように塗る（乾かないうちは、隣りの色を塗らない）。
④塗ったあと切り取って、別の色画用紙の台紙にはる。

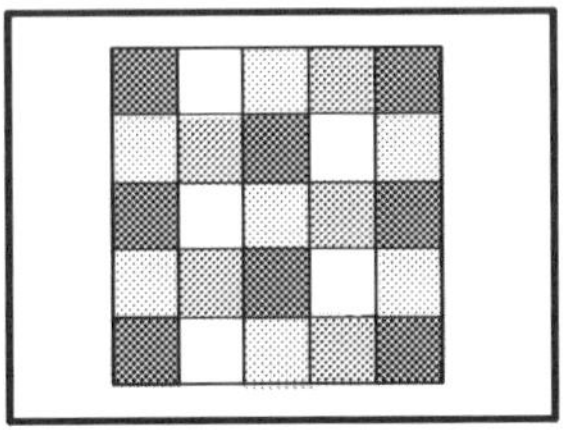

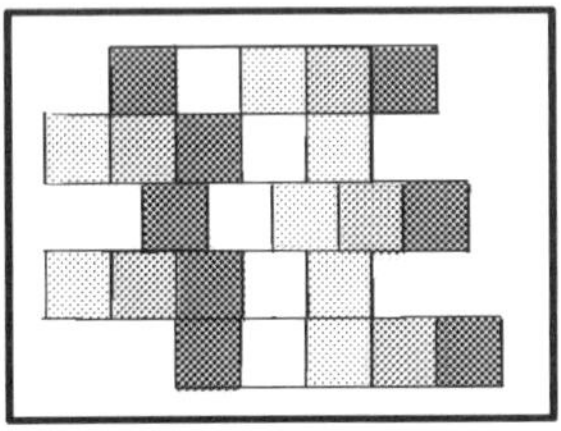

切り取って、ずらしてはってもよい。

指導例14

グラデーション

色の変化を楽しみます。
その色の変化できれいなもようを作ります。

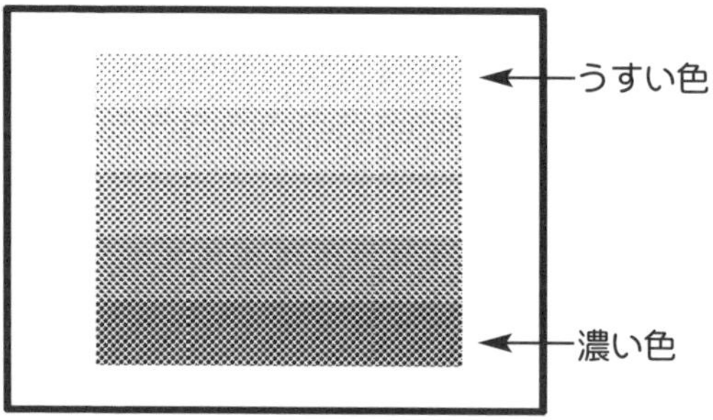

①ふうせんを塗るやり方で、同じ色に水をくわえながら、だんだんうすく塗って、色の変化をつけます。

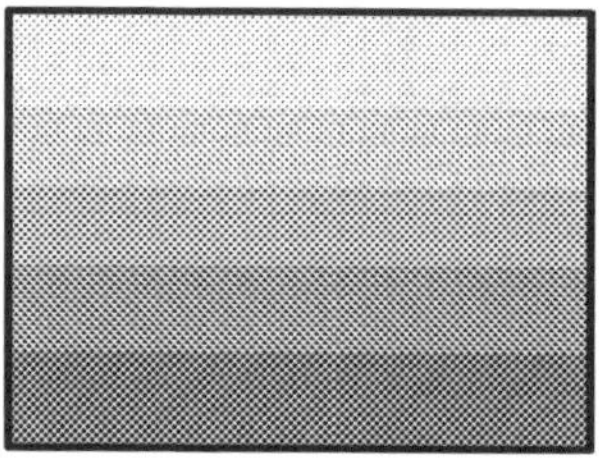

②「海」をイメージしながら青のグラデーションで塗る。
別の紙に魚をかいて、のりで貼り、「海の中」の絵にする。

岩やこんぶ、さんごなども切り抜いて、貼ってもよい。

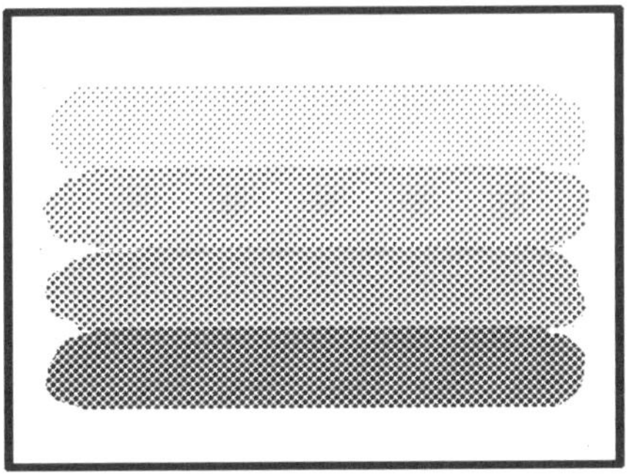

①なかまの色（３～４色）
の帯をかく。

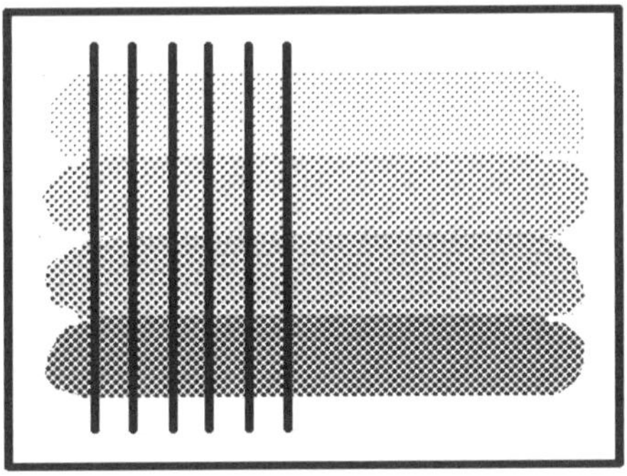

②色のしまをたてに切る
（1cmくらいのはば）。

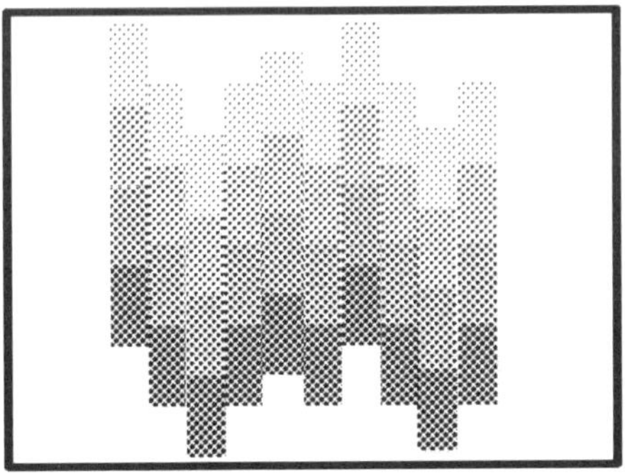

③その色のしまの細く切っ
たものをずらして、別の
色画用紙にのりで貼る。

指導例15

自分の色を作りだす

抽象的な線を色画用紙（５～６色）に印刷し、子どもたちに好きな色画用紙を選ばせて、黒の線をさけて、まわりに色を塗る（色は台紙の色やなかまの色を考えて塗る）。

混色（白などを混ぜて）を考えて、自分の好きな色を作るくふうをする。

●有名な抽象画や線描（多少簡略化させる）をコピーして使ってもよい。

大きな絵をみんなでかく

実際の指導で「合作＝お話の絵」を簡単に応用できるノウハウをご紹介しましょう。

展覧会などでクラス全員（または学年全員）の取り組みとしても生かせます。

指導例16
お話の絵「こぶとり」

１年～３年生が適当でしょうか。

「こぶとりじいさん」のお話のクライマックス場面を大きな作品にします。

ラシャ紙全体を６～８枚つなぎ合わせたくらいの大きさにすると迫力のある作品になりますよ。

取り組み方

①お話を読み聞かせる。

②どの場面を作るか、話し合わせる。

（クライマックスの鬼たちのおどる場面が人気がある）

③かきたい場面には、どんな登場人物がいるのか？

「鬼がたくさん」

「おじいさん」

④どんな場所か？

「森の中の広場」

「たき火」

「木の洞穴」

では、みんなでつくる場面は、鬼たちとおじいさんが楽しくおどっているところにしましょう。

子どもたちへの分担

①まず、鬼たちはたくさん出てくるから、1人1人かこうね。赤鬼さん、青鬼さん、1本つのの鬼さんでもいいよ。

②いくつかの班にわけよう。

誰の絵が
採用されるかな。

③おじいさんは、この場面で大切な人物だから、何人か「かきたい人」のうち、オーディションで決めるよ。

④たき火班と各班で森の木を１本ずつかいてもらおう。

みんなで
塗ろうね

はい、木は鬼さんたちより背も高いので、このくらいの紙にかくとちょうどいいよ。

たき火班さんも
お願い。
火の色は、
赤だけじゃ
ないよ！

⑤ラシャ紙などの裏にガムテープで大きく貼り合わせる。

構成する

それぞれがかいた絵を切り取って、のりで貼って大画面に構成してしあげる。
夜の場面なので、こん色のラシャ紙を使う。

ポスターをかく

授業にはないカリキュラムでも、子どもたちは、夏休みの宿題として、あるいは各種の応募のある「環境」「虫歯予防」「交通安全」などのポスターをかく機会は、たくさんあります。

ポスターをかくポイントは？

①ポスターの目的にあった表現のアイディアが大切です。
②文字を入れる場合は、美しい文字を入れることがポスターの決めてにもなります。

アイディアとは？

たとえば「ポイ捨て禁止」をテーマにすれば

①誰でも考えるアイディアでは、ポスターとしてのアピールが不足です。

②ポスターは、見る人に強いメッセージをもたせることが大切です。訴えたいことをアップではっきりと表現します。

ポスターに使う文字

文字は２通りを練習する。

ゴシック文字

文字のどこも同じ太さにかく

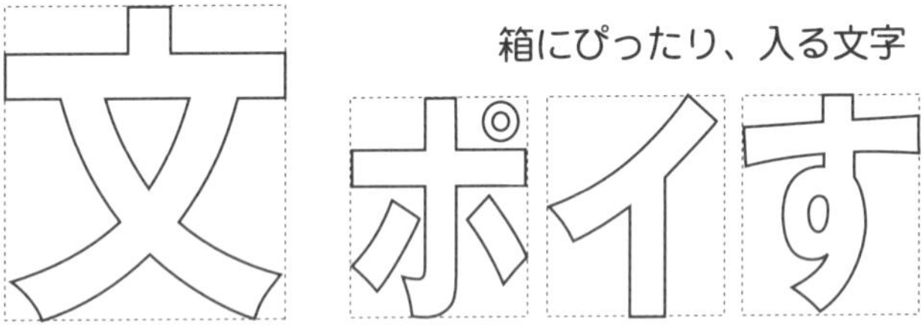
箱にぴったり、入る文字

明朝体の文字

たては太く横は細い（新聞の見出し文字を参考にする）

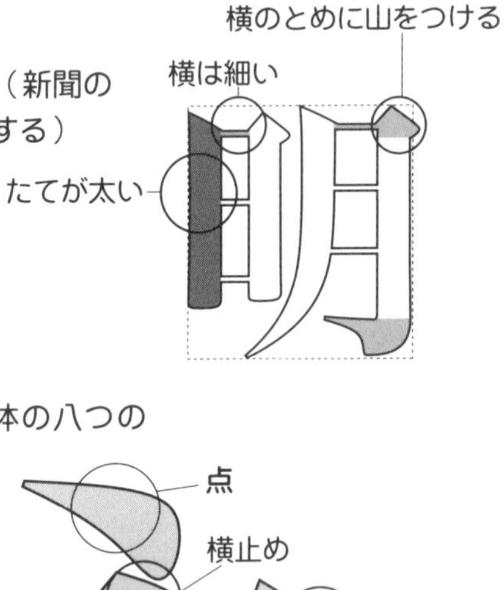
横のとめに山をつける
横は細い
たてが太い

永字八法

「永」の文字に明朝体の八つの法則があります。

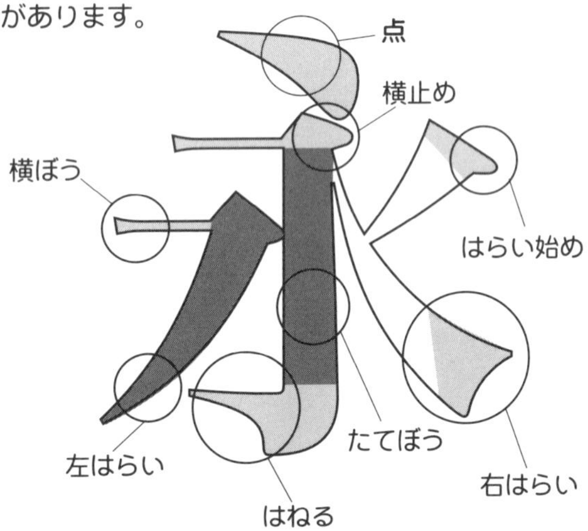
点
横止め
横ぼう
はらい始め
左はらい
たてぼう
右はらい
はねる

虫歯はダメね

テーマ（訴えたいこと）は、はっきり、くっきりとかく！

通りがかった人がポスターにひきつけられるように！

歯を大切に

レタリングの練習

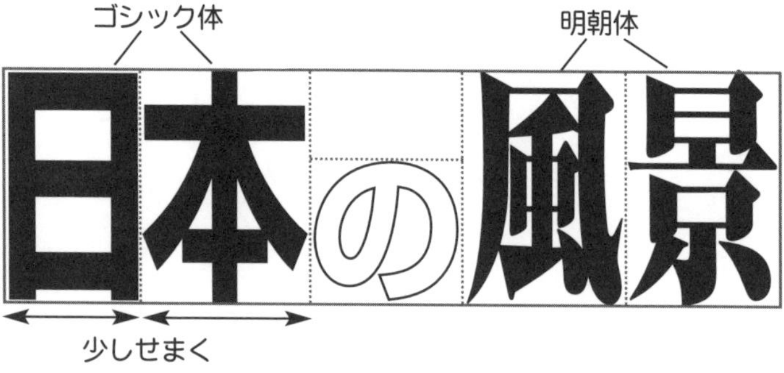
ゴシック体
明朝体
日本の風景
少しせまく

箱にぴったり、そしてバランスを考える。

図工でも力をつける

私たちの子どものころは、図工の時間に「写生」というのは必ずあったものです。校庭で、校舎や校庭の木々をかいたり花壇の花々をかいたり、写生はそっちのけで先生の目をぬすんで遊んだりするのも、「図工の時間の楽しみ」だった人もおられるでしょう。

色とりどりの商品カタログのような教科書の中には、写生や生活をテーマにした作品は、ほとんどみかけないか、少なくなっていますね。

展覧会に出品する作品選びに、これでいいのかしらと思っておられる先生もいらっしゃることでしょう。

図工も他の教科と同じように、１年生には１年生の、６年生には６年生らしい絵がかけるように指導したいものですね。

ぜひ先生自身が、絵がうまくかけちゃうポイントを学び、図工の時間に自信を持ち、楽しい、力のつく授業にしてほしいと思います。

子どもたちは、植物の観察や新聞作り、夏休みの宿題、算数に…、図工で学習した絵のかき方を知らず知らずのうちに身につけ、役立ててくれるはずです。

遠足や社会科見学、あるいは図工の授業で美術館に行く機会はあまりありませんが､図書館には画集がありますね。朝の１０分間でも名画を見る機会をつくるのもいいですね｡クロッキーなんていうのもおもしろいかもしれません。外国では、子どもたちが美術館の中で、名画を実際に模写する機会があるようです。

先生のちょっとしたアドバイスは、子どもたちにとって考えること、創造性を発揮するためのよい機会です。図工は、子どもとの対話をしやすい授業かもしれません。できあがった作品のすばらしさもしっかりほめてあげたいものですね。

おわりに　「表現」は楽しい！

子どもたちと同じように、絵を基礎から学んでみると、きっと先生自身にも上達の実感がわいてきて、おもしろくなるはずです。

「才能がない」とあきらめていた先生自身が自分の「才能」に気づく時、指導法も見えてきます。

言うなれば「絵が苦手」と思ってきた人は〝先生にめぐまれなかった〟と思えばいいのです。

絵に限らず、私たちは表現することを楽しいと感じます。歌をうたう、ダンスをおどる、太鼓をたたく、詩の朗読をするなど、みんな人間の持っている文化的な能力として、楽しさを秘めているのです。

歌がうたえ、絵がかけ、ちょっとした文章も苦もなく(「エッセー」なんてね！）書け、言葉たくみに皆の前で話すこともできる、こんな先生はすてきじゃありませんか。私の得意技＝マジックも習得してくださるとなおさらです。

本来、教育という仕事は、子どもたちと共に成長できる、楽しい仕事だと思います。特に表現（絵をかく、物を創る）活動は、自ら世界で唯一の「作品」をつくりあげていく喜びがあります。

先生自身、子ども自身でつくりあげた作品は、世界でただ一つのかけがえのないものとして、その時々の思い出にもつながって、記念すべきものになるでしょう。

とりわけ、表現と呼べるものをつくりはじめる１歳児から、一歩一歩その表現する力を獲得していくヒトとしての成長を、教師としての立場からみるのも、喜びです。

子どもたちに「生きる力としての表現」「生きる喜びとしての表現」の活動を通して“共にグルになって生活を喜びあう。その中にこそ教育がある”といえましょう。

色パズル型紙（79ページ）

画用紙に拡大コピーするとそのまま使えます。

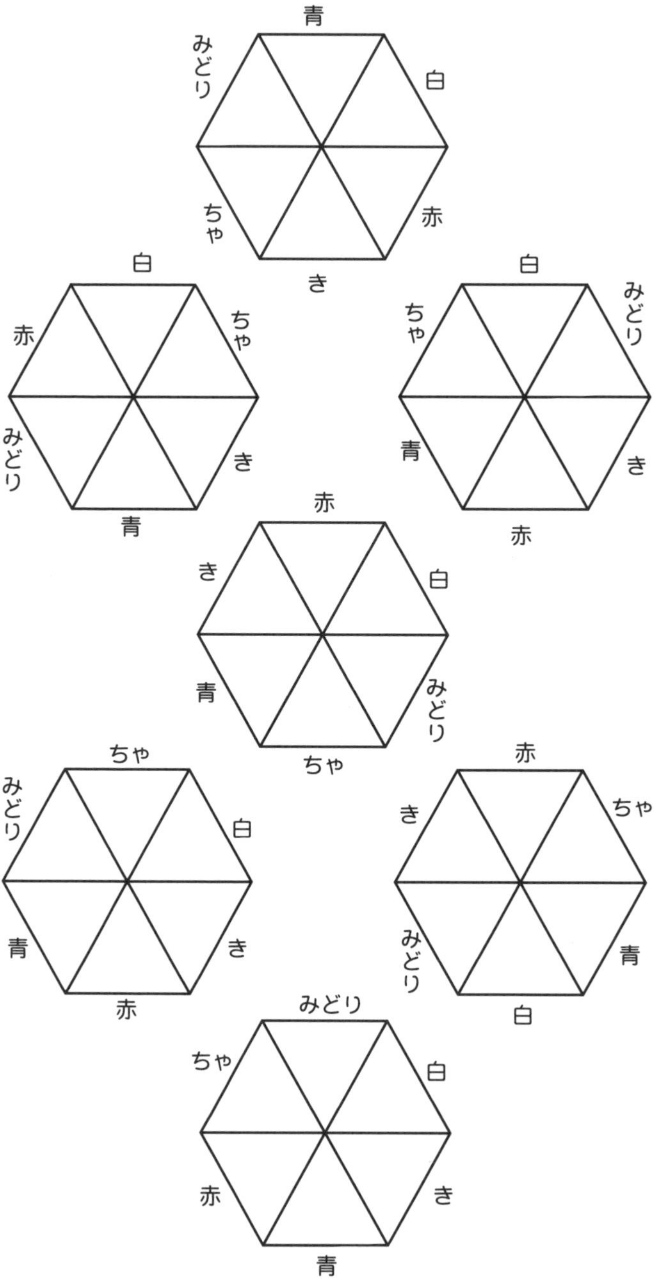

編著者紹介

●

奥田《おくだ》靖二《やすじ》

元東京都八王子市立寺田小学校教諭

子どもの文化研究所所員　新しい絵の会会員

著書

『遊び・ゲーム　ワンダーランド』

『みんなで遊ぼう12カ月　全校·学年集会ランド』

『新任教師ファーストブック　はじめての仕事と心得』

『[ボリュームアップ版] 手品&マジック　ワンダーランド』

『まるごと小学校学級担任BOOK』１年生～６年生（全６冊）

『小学校1年生　学習と生活の基礎·基本』

『学級担任のための遊びの便利帳』（以上いかだ社）

『学校イベント遊び・ゲーム集』全３巻（教育画劇）

協力●柴田美千代

イラスト●上田泰子・奥田靖二

編集●持丸恵美子

ブックデザイン●渡辺美知子デザイン室

つまずき解消！
クイック絵画上達法

2008年３月12日第１刷発行

編著者●奥田靖二©

発行人●新沼光太郎

発行所●株式会社いかだ社

〒102-0072　東京都千代田区飯田橋2-4-10　加島ビル

Tel03-3234-5365　Fax03-3234-5308

振替·00130-2-572993

印刷·製本　株式会社ミツワ

乱丁·落丁の場合はお取り換えいたします。

ISBN978-4-87051-223-8